reinhardt

D1934467

Sylvia Weber

Linkshändige Kinder richtig fördern

Mit vielen praktischen Tipps

Mit einem Geleitwort von Johanna Barbara Sattler

4., aktualisierte und neu gestaltete Auflage

Ernst Reinhardt Verlag München Basel

Inhalt

Geleitwort

In den letzten Jahren ist die Akzeptanz der Linkshänder in der Gesellschaft stetig gestiegen. Dazu haben Menschen in den verschiedensten Gebieten beigetragen: durch fachliche Beratungen, Vorträge, Veröffentlichungen – und nicht zuletzt durch ihr außergewöhnliches Engagement.

Manch einer mag zu dem Schluss kommen, der Umgang mit Linkshändigkeit und die Integration der Kinder seien inzwischen selbstverständlich geworden. Tatsächlich ist Linkshändigkeit aber auch heute noch nicht „Normalität".

Eltern reagieren verunsichert, wenn sie erstmals die Bevorzugung der linken Hand bei ihrem Kind beobachten. Sie suchen nach Hilfestellungen und praktischen Tipps für ihren Alltag. Das vorliegende Buch beantwortet die Fragen der Eltern und hilft so, die Sicherheit zu vermitteln, die Kinder brauchen, um sich angenommen zu fühlen.

Sylvia Weber hat sich durch ihre eigene Betroffenheit und die ihrer Kinder intensiv mit Händigkeit auseinandergesetzt und bringt als Biologin das Verständnis für die oft komplizierte Problematik mit. Sie berät seit Jahren Linkshänder und deren Eltern, hält Vorträge und bietet schreibvorbereitende Kurse für linkshändige Kinder an. Sie behandelt das Thema sensibel und fachlich bewandert. Es macht Freude, ihren Gedankengängen zu folgen.

Dr. Johanna Barbara Sattler
Erste deutsche Beratungs- und Informationsstelle für Linkshänder und umgeschulte Linkshänder, München

Vorwort

Dieses Buch entstand aus der täglichen Arbeit in meiner Praxis und wendet sich vor allem an Eltern, Pädagogen und Fachleute aus therapeutisch arbeitenden Berufsgruppen, die sich einen Überblick über die Thematik verschaffen wollen. Es beantwortet grundlegende Fragen zum Thema Linkshändigkeit, wie sie immer wieder im Elterngespräch oder im Rahmen von Fortbildungsveranstaltungen an mich gestellt werden.

Der erste Teil befasst sich mit den natürlichen Ursachen der Linkshändigkeit und betrachtet ihre Ausbildung im Gesamtzusammenhang der motorischen Entwicklung des Kindes. Einen weiteren Schwerpunkt bildet der Themenkreis ‚Beidhändigkeit' bzw. wechselnder Handgebrauch, der gerade bei Eltern betroffener Kinder oftmals große Unsicherheit hervorruft. Auch Fragestellungen zur Problematik der Umschulung dürfen nicht fehlen, da besonders sanfte Methoden auch heute noch vielerorts angewendet werden. Ein Kapitel ist dem aktuellen Stand pädagogischer Richtlinien für Kindertagesstätten und Schulen zum Thema Linkshändigkeit gewidmet.

Die praktische Unterstützung des linkshändigen Kindes wird sehr ausführlich und praxisorientiert behandelt. Konkrete Hinweise und Techniken erleichtern es rechtshändigen Eltern und Pädagogen, das Kind gemäß seiner Händigkeit anzuleiten.

Im letzten Teil des Buches wird der häufig angenommene Zusammenhang zwischen Linkshändigkeit und Lese-Rechtschreib-Schwäche genauer betrachtet, und ein kurzer Ausflug in die Persönlichkeitspsychologie setzt sich mit Untersuchungen auseinander, die einen Zusammenhang zwischen Händigkeit und Charaktereigenschaften eines Menschen postulieren.

Mein herzlicher Dank gilt vor allem Frau Dr. Johanna Barbara Sattler, die mich fachlich unterstützte und trotz ihres großen beruflichen Engagements stets ein offenes Ohr für mich hatte. Ihr Kollege Herr Dr. Ivo-Kurt Cizek, den ich im Rahmen von Fortbildungsveranstaltungen kennen lernen durfte, wird mir aufgrund seiner Gabe, andere Menschen zu motivieren und zu begeistern, immer in Erinnerung bleiben.

Ebenfalls herzlich danken möchte ich Frau Susanne Hilger, die durch ihre Zeichnungen an der lebendigen Gestaltung des Buches beteiligt war, Martin und Sophia mit ihren Eltern für ihr Einverständnis zur Veröffentlichung der Fotos und nicht zuletzt meiner Familie, die in jeder Beziehung tatkräftig mithalf und viel Verständnis und Geduld aufbrachte.

Plattling, Februar 2014 Sylvia Weber

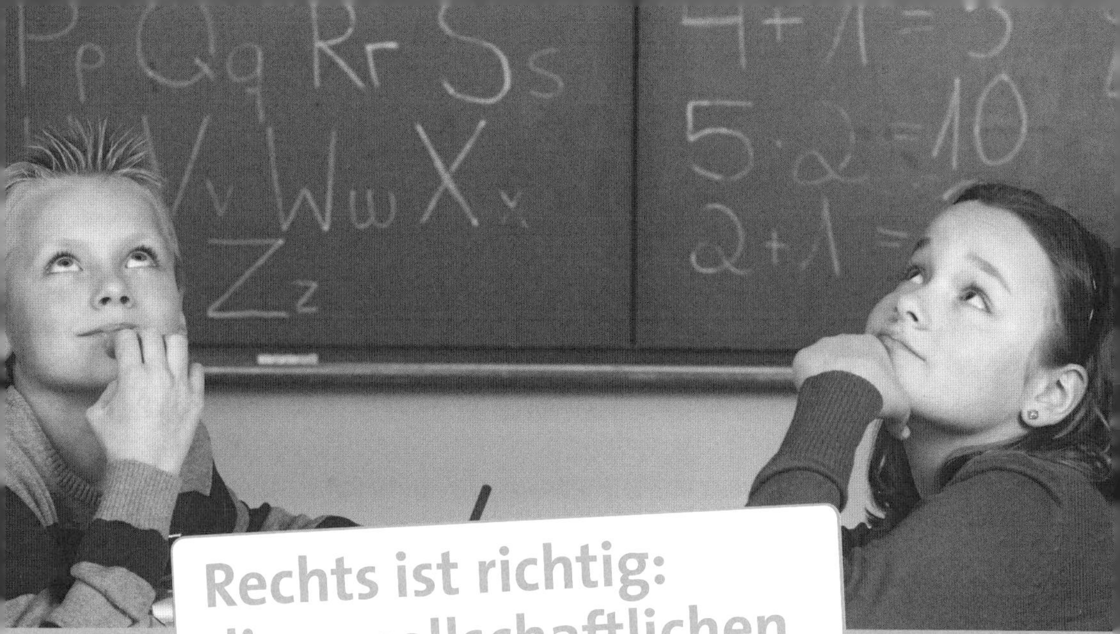

Rechts ist richtig: die gesellschaftlichen Vorbehalte gegenüber Linkshändigkeit

Die Sprache vermittelt sehr eindrucksvoll die traditionellen Vorstellungen und überlieferten Werte einer Gesellschaft. Normen wandeln sich im Laufe der Zeit und werden modernen Anschauungen angepasst, der Sprachgebrauch bleibt dagegen lange unverändert. Im Fall der Begriffe rechts und links leiten uns unsere Assoziationen zu den unbewusst enthaltenen Botschaften und der positiven bzw. negativen Besetzung der beiden Worte.

Was kommt uns spontan zum Begriff links in den Sinn?

Das Wort *links* gibt nicht nur eine Richtung im Raum an, wir denken an linkisch, ungeschickt, unbeholfen und unsicher. Im Aberglauben, der Überreste unserer religiösen Wurzeln aus der Antike anzeigt, symbolisiert *links* in vielfältiger Weise Unglück, Bösartigkeit und Minderwertigkeit. Wir alle wissen, wie der Tag verläuft, wenn wir „mit dem linken Fuß aufgestanden" sind und eine Katze von links kommend unseren Weg kreuzt. Im Mittelalter gehörte linkshändiges Hantieren neben roten Haaren zu den Qualitäten einer Hexe, und die linke Hand wurde regelrecht verteufelt.

Wenn wir heute „eine linke Sache machen", bestimmen Falschheit und Gemeinheit unser Wesen

Wenn einer *link* ist, ist ihm nicht zu trauen.

Viele umgeschulte Linkshänder kennen ihre ‚schlechte' oder ‚böse' linke Hand, die mit Schlägen davon abgehalten werden musste, schreiben zu lernen. In anderen Kulturkreisen ist der führende Gebrauch der linken Hand bei manchen Tätigkeiten aus religiösen Gründen tabu. Sie ist unrein und darf nur für minderwertiges Tun benutzt werden.

Schon die Märchen warnen unsere Kinder davor, vom „rechten Wege" abzukommen, da anderswo Unglück und Verderben drohen. Wir geben uns zur Begrüßung die rechte ‚schöne' Hand, die in diesem Fall auch die ‚richtige' ist. Gibt das Kind die ‚falsche', sind viele Eltern unangenehm berührt.

Komm' nicht vom *rechten* Weg ab ...

Die rechte Hand ist die Schwurhand, und es ist eine Ehre, als die „rechte Hand" des Chefs bezeichnet zu werden. Von *rechts* kommt „das Recht", wir sind aufrichtig und ehrlich, wenn wir „das Herz auf dem rechten Fleck" haben.

Man soll das Herz möglichst auf dem *rechten* Fleck haben.

Die negativen Bedeutungen der Wortfamilie rund um den Begriff *links* und die davon abgeleiteten Vorurteile gegenüber Linkshändern haben auch heute noch Auswirkungen. Sie können auf sehr subtile Art und Weise bestimmen, welche Haltung wir gegenüber Linkshändern an den Tag legen.

Linkshändiges Hantieren widerspricht öfter gängigen Benimmregeln und der Alltag mit einem linkshändigen Kind fordert uns nicht selten zum Umdenken auf.

Versuchen wir deswegen möglichst frühzeitig, das Kind an den Gebrauch der ‚richtigen' Hand zu gewöhnen, um es an die rechtshändige Mehrheit in unserer Gesellschaft anzupassen? Oder sind wir bereit, es in seiner Linkshändigkeit zu unterstützen und so zu seiner Chancengleichheit gegenüber Rechtshändern beizutragen?

Nicht nur negative Wortbedeutungen und Aberglaube tragen dazu bei, dass linkshändigen Kindern nicht überall unvoreingenommen begegnet wird:

Auch die Wissenschaft verbreitete immer wieder völlig aus der Luft gegriffene Behauptungen, die Linkshänder in einem beunruhigend schlechten Licht darstellten.

Es braucht Mut, ein Kind gegen die Norm zu unterstützen.

So stellte Cesare Lombroso zu Beginn des zwanzigsten Jahrhunderts fest, dass Linkshändigkeit eindeutig auf einen kriminellen Charakter hinweise. Dass diese Feststellung bei genauer Betrachtung unhaltbar war, verhinderte nicht, dass sich diese Assoziation in vielen Köpfen festsetzte. Vereinzelt sind Wissenschaftler überzeugt, Linkshänder seien besonders anfällig für Alkoholismus, Asthma, Heuschnupfen, Homosexualität, Zuckerkrankheit, Schlaflosigkeit, Selbstmord und Schwachsinn (Smits 2002, 8).

Bei genauer Betrachtung fehlten die statistischen Grundlagen.

Es schien niemanden zu stören, dass der Linkshänderanteil der Landesbevölkerung als Bezugsgröße und damit die statistische Basis für die Aussagen fehlte. Der Sprachwissenschaftler Rik Smits meint dazu sehr erfrischend:

„Wenn Linkshänder wirklich an so vielen Mängeln gleichzeitig litten, dann wäre es ein wahres Wunder, dass es sie überhaupt noch gibt." (Smits 2002, 8)

Linkshändigkeit wurde zeitweise regelrecht bekämpft.

Linkshändigkeit und Hirnschaden – diese Schlagwortkombination ist der Grund für die Härte, mit der Linkshändigkeit im wahrsten Sinne des Wortes bekämpft wurde und teilweise noch bekämpft wird (Olsson / Rett 1989, 12). Kaum beachtet werden Hinweise von Fachleuten, dass diese Verbindung durch überwiegend klinische Untersuchungen entstanden ist. Wenn ursprünglich rechtshändige Menschen aufgrund eines Hirnschadens die rechte Hand nicht mehr benutzen können, werden sie dadurch nicht linkshändig, sondern sie sind wegen eines krankhaften Prozesses gezwungen, die linke Hand einzusetzen. Die Beobachtungen an diesen Patienten wurden oftmals völlig undifferenziert auf Menschen übertragen, die aus einem anderen Grund ihre linke Hand bevorzugt benutzen: Sie haben die angeborene und gesunde Veranlagung dazu.

Dieser folgenschwere Fehler hat früher zur rücksichtslosen Umerziehung geführt und nährt heute noch das verbreitete Vorurteil, alle linkshändigen Kinder hätten ganz spezifische Defizite und gehörten zur bemitleidenswerten Gruppe von Schülern, die ohne zusätzlichen Förderunterricht nicht zurechtkämen.

Denkfehler führten zur gut gemeinten Umerziehung.

Manche Eltern befürchten deshalb, ihr Kind könnte aufgrund der Bevorzugung seiner linken Hand ein Sorgenkind und in der Schule ein Außenseiter werden.

Wissenschaftliche Forschungsberichte, die belegen, dass Linkshändigkeit ein völlig normales Phänomen ist, bleiben neben diesem mächtigen Gefühl bedeutungslos.

Die Projektion des Wunsches, ein rechtshändiges Kind zu haben, kann so stark sein, dass die offensichtliche Linkshändigkeit des Kindes von seinen Eltern nicht als solche anerkannt wird. Es könne doch so viel mit rechts, und eigentlich sei es eher beidhändig und nicht richtig linkshändig. Qualifizierte Beratung wird nicht in Anspruch genommen, stattdessen liefert diese Argumentation nicht selten schon weit vor dem Einschulungstermin den Freifahrschein zur *sanften Umschulung*.

Tipp

→ *Machen Sie sich bewusst, welche Ihrer Informationen zu Linkshändigkeit auf Überlieferung, Vorurteil und Hörensagen basiert.*

→ *Betrachten Sie die Linkshändigkeit als das, was sie ist: Eine normale Eigenschaft, die Ihr Kind von vielen anderen unterscheidet.*

Der damit verbundene Eingriff in den Handgebrauch verletzt jedoch nicht nur das Selbstverständnis und die Seele des Kindes, sondern manipuliert und destabilisiert Abläufe in seinem Gehirn, das dadurch bleibend geschädigt werden kann (*siehe Kap. 6*).

Linkshändigkeit aus wissenschaftlicher Sicht

Die Evolution entwickelte die Spezialisierung auf eine bevorzugte Hand, weil sie von Vorteil ist. Harte biologische Fakten zu den Ursachen gibt es wenige. Fest steht, dass der Ursprung der Händigkeit im Gehirn liegt. Von einer genetischen Grundlage wird nach aktuellem Stand der Wissenschaft ausgegangen. Der Linkshänderanteil in der Bevölkerung liegt bei etwa 22 Prozent – wenn man die Umgeschulten mitzählt.

2

Grundlagen zum Verständnis der Händigkeit

Obwohl wir bisher nur etwa fünf Prozent unseres Steuerungsorgans wirklich verstanden haben, liefert die Neurowissenschaft wertvolle Ergebnisse über die Mechanismen unserer höheren geistigen Fähigkeiten. Erlaubten im 19. Jahrhundert Krankheiten und Verletzungen bestimmter Hirnregionen erstmals Rückschlüsse auf deren Funktion, kann man heute über bildgebende, computergestützte Verfahren die faszinierenden Zusammenhänge zwischen der sichtbaren Leistung eines Menschen und zerebralen Vorgängen darstellen.

Unser Gehirn besteht aus verschiedenen Bereichen, die beim gesunden Menschen harmonisch und geregelt zusammenarbeiten. Die stammesgeschichtlich älteren Teile steuern unsere unbewussten Lebensfunktionen. Die Großhirnrinde ist der jüngste Teil, eine stark gefaltete Nervengewebsschicht, die sich wie ein Mantel um die anderen Hirnregionen legt. Alle höheren Funktionen, die Fähigkeit zur Sprache, unser bewusstes Denken und Handeln und nicht zuletzt die Merkmale unserer Persönlichkeit, haben dort ihren Ursprung.

Die gute Teamarbeit im Gehirn ist entscheidend.

Für das Verständnis der Rechts- oder Linkshändigkeit eines Menschen sind Bau und Arbeitsweise dieses jüngeren Bereichs von Bedeutung. **Die Großhirnrinde besteht aus zwei Hälften (Hemisphären), die über den so genannten Balken (Corpus callosum) miteinander in Verbindung stehen.** Zwischen den Hemisphären besteht Arbeitsteilung, d.h. obwohl die Gehirnhälften äußerlich weitgehend symmetrisch wirken, hat jede ihre spezifischen Aufgabenbereiche.

In der Großhirnrinde findet sich auch die Händigkeit.

Komplexe Funktionen bewältigt unser Gehirn jedoch nur, wenn beide Hemisphären auch gut zusammenarbeiten. Informationen aller Sinnesorgane können so koordiniert verarbeitet und in ebenso koordiniertes Verhalten umgesetzt werden.

Die linke Hemisphäre ist für die sensorischen und motorischen Funktionen der rechten Körperseite zuständig. Dort sitzen unsere intellektuellen Fähigkeiten.

Mit ihrer Hilfe können wir analytisch und sprachlich-logisch denken, zeitliche Abfolgen erkennen und planen, Sprache in grammatikalisch richtiger Weise verarbeiten, in Abstraktionen denken und formulieren.

Die linke Gehinhälfte arbeitet analytisch.

Die rechte Hemisphäre ist für die sensorischen und motorischen Funktionen der linken Körperseite zuständig. Sie ermöglicht es uns, synthetisch und ganzheitlich zu denken und komplexe Zusammenhänge auch intuitiv, nicht-sprachlich, zu erfassen.

Raum und Perspektive werden durch die rechte Hemisphäre wahrgenommen, wir orientieren uns mit ihrer Hilfe, können in Bildern denken und Gesichter und Formen von Gegenständen (wieder-)erkennen. Diese Gehirnhälfte lässt uns Musik verarbeiten, aber auch die Melodie einer Stimme wahrnehmen und unseren gesprochenen Worten durch die richtige Betonung Ausdruck verleihen. Sie ist außerdem Sitz unseres Gefühlsverständnisses.

Die rechte Gehirnhälfte arbeitet intuitiv.

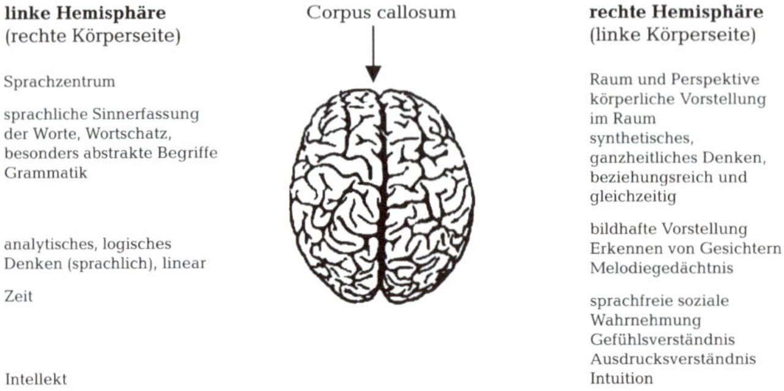

▲ **Abb. 1:** *Modellvorstellung der Hemisphärenspezialisation (vereinfachte Darstellung nach Sattler 2013b, 38)*

Die Einteilung unseres Großhirns in Funktionszentren wird auch als funktionelle Asymmetrie bezeichnet.

Der Balken verbindet und koordiniert die Gehirnhälften.

Damit alle Vorgänge reibungslos ablaufen können, muss die arbeitsteilige Zusammenarbeit der Gehirnhälften organisiert werden. Die verbindende Struktur des Balkens (Corpus callosum) übernimmt diese wichtige Kontrolle und Regulierung des Datentransfers und die Integration der Informationen.

Ursachen der Rechts- oder Linkshändigkeit

Durch die Spezialisierung auf eine manipulierende und eine untergeordnete, zuarbeitende Hand können Fertigkeiten wesentlich schneller erlernt und automatisiert werden.

M. Sovác vermutet, dass sich in der Evolution die Händigkeit zusammen mit der Fähigkeit zur Sprache ausbildete, die ausschließlich dem Menschen vorbehalten sei (Sovác 1968, 53).

Neuere Untersuchungen deuten dagegen darauf hin, dass es auch bei Primaten eine mit dem Menschen vergleichbare Händigkeit geben könnte (Springer/Deutsch 1998, 212f). Werkzeugfunde aus der Steinzeit, die für den einhändigen Gebrauch hergestellt waren, legen nahe, dass damals Rechts- und Linkshändigkeit etwa gleich verteilt vorkamen (Sarasin 1918).

Zur Frage nach der Ursache der Linkshändigkeit des Menschen gab es im Laufe der Jahrhunderte eine Reihe erstaunlicher Erklärungsversuche und Feststellungen. In Europa veröffentlichte der einflussreiche Freud-Schüler, Wilhelm Fließ, Linkshändigkeit hänge mit einem unnatürlich hohen Anteil an Eigenschaften des jeweils anderen Geschlechts zusammen und wäre ein Zeichen von Degeneration (Fließ 1923).

Der amerikanische Professor der Psychiatrie Abram Blau machte noch 1946 mit einer vernichtenden Hypothese von sich reden, Linkshändigkeit sei „Ausdruck eines infantilen Negativismus", der auf die Neigung zu allgemeinen „Perversionen" hinweise (Blau 1946, zitiert nach: Barsley 1966, 206). Obwohl Fließ und Blau ihre Behauptungen weder genau überprüft hatten noch die Zusammenhänge wissenschaftlich beweisen konnten, hatten sie verheerende Auswirkungen auf die Haltung der damaligen Fachwelt gegenüber Linkshändern.

Im letzten Jahrhundert gab es verheerende Hypothesen.

Was sagt nun die moderne Wissenschaft zur Ursache der Händigkeit?

Die Bewegungen unserer linken bzw. rechten Hand werden vom motorischen Zentrum der dazu gegenüberliegenden Gehirnhälfte gesteuert. Was äußerlich einen sehr symmetrischen

Eindruck macht, bestätigt sich selten in der funktionellen Leistungsfähigkeit der Hände. Wir gebrauchen unsere Hände normalerweise nicht völlig gleichwertig. In aller Regel bevorzugen wir eine Hand für bestimmte Tätigkeiten, besonders, wenn die Aufgabe hohe Anforderungen an unsere Feinmotorik stellt. Wird die rechte Hand bevorzugt, bezeichnen wir uns als Rechtshänder, wenn sich die linke Hand als die geschicktere zeigt, als Linkshänder.

Die moderne Neurobiologie geht sachlich vor.

Ob wir Rechts- oder Linkshänder sind, wird also von unserem Gehirn bestimmt und steht schon bei der Geburt fest, ohne dass es in dieser Entwicklungsphase sichtbar wäre. Auch ein frühes Training der rechten Hand des linkshändigen Kleinkindes führt nicht dazu, dass sich dadurch die Verhältnisse in seinem Kopf umkehren, und man es dadurch zum Rechtshänder erziehen könnte.

Die Händigkeit ist Folge der Arbeitsteilung im Gehirn.

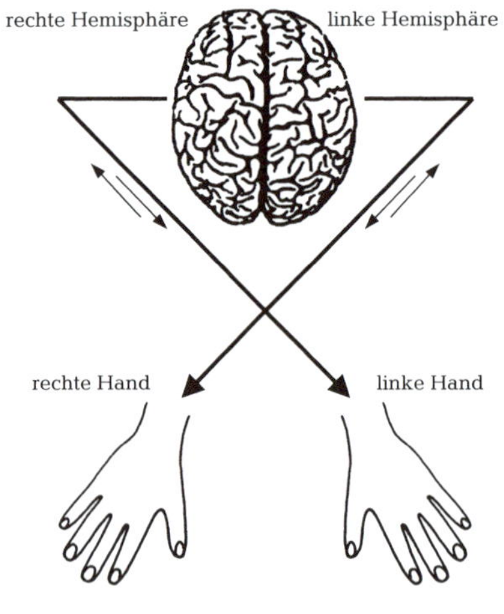

▲ **Abb. 2:** *Darstellung der Steuerung der Hände vom motorischen Zentrum der jeweils gegenüberliegenden Gehirnhälfte*

So wie ein kleiner Junge nicht dadurch zum Mädchen wird, dass er ein Kleid trägt, wird ein Linkshänder nicht zum Rechtshänder, wenn er mit der rechten Hand schreiben lernt. Derartige Manipulationen der natürlichen Handbevorzugung wirken sich langfristig sehr negativ auf unser Gehirn aus. Die möglichen Folgen eines solchen Eingriffs haben unzählige Linkshänder erlebt, die freiwillig oder unter Zwang mit der rechten Hand schreiben gelernt haben. Diesen Zusammenhängen ist deshalb ein eigenes Kapitel gewidmet.

Ein Linkshänder kann nie zum Rechtshänder werden.

Heute zweifeln Wissenschaftler kaum noch daran, dass der Ursprung der natürlichen Linkshändigkeit genetischer Natur ist. Bisher verhinderte vor allem die schwierige und uneinheitliche Testmethodik der Händigkeit aussagekräftige Statistiken, die man als allgemein gültige Grundlage für genetische Modelle verwenden könnte. Auch molekulargenetische Untersuchungen haben bis heute noch keine eindeutigen Aussagen geliefert.

Wie viele Linkshänder gibt es?

Hochrechnungen aus Untersuchungen ergeben Bevölkerungsanteile an Linkshändern von etwa 3,5 Prozent (Annett 1967), über 22 Prozent (Otte-Schacht 1993) bis zu 50 Prozent (Sovák 1968). Diese sehr unbefriedigende Streuung ergibt sich aus den unterschiedlichen statistischen Verfahren. Wurde nur die Schreibhand als Kriterium zur Einordnung als Linkshänder verwendet? Kamen die Ergebnisse aus anonymen Fragebogenaktionen oder wurde eine Händigkeitsdiagnostik durchgeführt? Wurden die Testpersonen aus der Normalbevölkerung oder aus dem klinischen Bereich ausgewählt.

Die Angaben über die Häufigkeit von Linkshändern schwanken stark.

Geringe Prozentzahlen ergeben sich, wenn z.B. die oft angewendete Methode der *Selbsteinschätzung* gewählt wurde.

Umgeschulte Linkshänder werden statistisch falsch erfasst.

Umgeschulte Linkshänder, die mit der rechten Hand schreiben und sich deshalb oft fälschlicherweise zur Kategorie ‚rechtshändig' oder ‚beidhändig' einordnen, können eine solche Statistik deutlich verzerren. Dies stellt im Übrigen nicht nur die Aussage über die Häufigkeit von Linkshändern in der betrachteten Gruppe in Frage, sondern auch die Schlussfolgerungen der Untersuchungen, die sich auf diese statistischen Erhebungen stützen. Systematische Fehler dieser Art haben zu äußerst fragwürdigen Aussagen über Linkshänder geführt (Sattler 2010, 111ff).

Immer mehr Kinder schreiben mit links.

Pädagogen berichten, dass der Anteil an linkshändig schreibenden Schülern zunimmt. Gründe dafür sind sicherlich die größere gesellschaftliche Toleranz gegenüber linkshändigem Schreiben und modernere, wesentlich differenziertere Methoden der Händigkeitsdiagnostik.

Tipp

→ *Die angeborene Händigkeit eines Menschen ist nicht veränderbar. Unterstützen Sie die Händigkeit Ihres Kindes und leisten damit einen wichtigen Beitrag zu einer störungsfreien Gehirnentwicklung.*

Wann entwickelt sich die Händigkeit?

Die Entwicklung der dominanten Hand verläuft parallel zur motorischen Gesamtentwicklung. Der beidseitige Gebrauch der Hände nimmt schon nach dem 7. Lebensmonat ab. Deutlich erkennbar wird die Händigkeit oft bereits im zweiten Lebensjahr. Im Alter von vier Jahren sollte daran kein Zweifel mehr bestehen.

Die motorische Entwicklung des Kindes unter dem Aspekt der Händigkeit – ein Überblick

Die altersgemäße Ausbildung der Handbevorzugung im Rahmen der Entwicklung der Handgeschicklichkeit setzt einen normalen Ablauf der kindlichen Entwicklung voraus. Sie kann durch verschiedenste Störungen verzögert oder sogar blockiert werden. Ein „nicht geringer Prozentsatz von Kindern“ (Hellbrügge / Döring 2003, 241) erleidet bei der Geburt eine Schädigung der Koordinationszentren im Gehirn, die krankhafte Bewegungsmuster entstehen lässt (Bobath / Bobath 2005, 4f). Die Folge kann stark wechselnder Handgebrauch sein, der öfter auch als „Beidhändigkeit“ bezeichnet wird.

Ausbildung der Händigkeit

In den ersten Lebensmonaten wird die Bevorzugung einer Hand noch nicht sichtbar. Um bewusst und gezielt greifen zu können, muss das Kleinkind verschiedene reflektorische Bewegungsmuster überwinden, die ihm in der ersten Phase seiner frühen Entwicklung nützlich waren. An ihre Stelle treten reife, kontrollierte Bewegungsabläufe. Besonders wesentliche Stadien für die Ausbildung der Händigkeit sind die Fähigkeit, die Hände in der Körpermitte zusammenzuführen (4. Monat), Gegenstände wechselseitig von einer Hand in die andere zu übergeben (6. Monat) und die Phase des kreuzkoordinierten Krabbelns (9. Monat).

Leichte Verzögerungen in der natürlichen Heranreifung einer eindeutigen Händigkeit zeigen viele Kinder, die nicht oder nur kurz krabbeln oder in dieser Phase eine andere Art der Fortbewegung vorziehen: robben, sich auf dem Po rutschend fortbewegen, asymmetrisches Krabbeln mit Nachschleifen eines Beins oder andere Bewegungsmuster, die von Eltern oft als komisch bezeichnet werden.

Der natürliche bilaterale (beidseitige) Gebrauch der Hände nimmt schon nach dem 7. Monat ab (Bobath / Bobath 2005, 11). Manchen Eltern fällt diese Veränderung auf, besonders, wenn ihr Kind unerwartet oft die linke Hand einsetzt. Deutlicher erkennbar manifestiert sich die Linkshändigkeit im zweiten Lebensjahr (Sattler 2001a, 142; Sovák 1968, 55).

Bis wann ist beidhändiges Hantieren als normaler Reifungsprozess anzusehen, und ab welchem Zeitpunkt der Entwicklung weist es auf eine Störung hin? Dazu sollen im folgenden Kapitel Anhaltspunkte zur Beobachtung des Kindes gegeben werden.

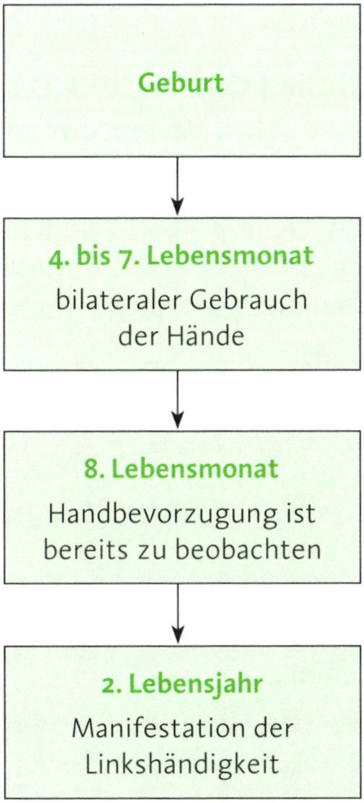

Abb. 3: *Manifestation der Linkshändigkeit*

Meilensteine der motorischen Entwicklung bis zur Schulreife

Wie die Händigkeit mit anderen motorischen Meilensteinen verknüpft ist.

Die folgende Darstellung gibt ausgewählte Aspekte der motorischen Entwicklung bis zur Schulreife des Kindes vereinfachend wieder. Andere wichtige Bereiche der kindlichen Entwicklung (Wahrnehmung, kognitive Entwicklung) werden im Folgenden nicht berücksichtigt (Pauli / Kisch 2012, 12 ff).

Bei den Meilensteinen sind Altersangaben als Richtwerte zu verstehen.

Die Altersangaben sind stets als Richtwerte zu betrachten, von denen es individuelle Abweichungen geben kann, die nicht zwangsläufig Entwicklungsverzögerungen anzeigen. Denn ein Kind entwickelt sich häufig in Schüben, in denen einer ruhigen Phase scheinbarer Stagnation eine Phase sehr schneller Fortschritte nachfolgen kann.

1. Monat

Der Säugling liegt gern seitlich, auf dem Rücken oder auf dem Bauch. Die noch unkoordinierten Bewegungen seines Körpers sind weitgehend von Reflexen bestimmt.

Die Hände sind meist zur Faust geschlossen oder werden nur reflektorisch geöffnet.

Auf dem Bauch liegend kann er den Kopf anheben und zur anderen Seite drehen. Ein zielgerichtetes Bewegen der Hände zum Mund ist noch nicht möglich.

2. Monat

Der Säugling strampelt mit beiden Beinen symmetrisch und bewegt sich schon lebhafter. Aus der Bauchlage kann der Kopf kurzzeitig angehoben werden.

Beide Hände sind locker gefaustet und öffnen sich bei Berührung. Ein Finger oder Spielzeug wird umklammert, kann aber nicht willkürlich losgelassen werden (Greifreflex).

Die Hände können sicherer zum Mund geführt werden (Hand-Mund-Koordination).

3. Monat

Die Entwicklung geht schnell voran. Ständig übt der Säugling seine Bewegungen. Inzwischen kann er sich sicher auf seine Ellenbogen stützen (Ellbogen-Unterarmstütz) und verfügt über eine gute Kopfkontrolle.

Gibt man ihm etwas in die Hand, wird es festgehalten und eher unbeabsichtigt wieder losgelassen. Der Säugling zupft an der Bettdecke oder an Kleidung, wenn er damit zufällig in Berührung kommt (taktiles Greifen), und ein erstes Fingerspiel wird beobachtet. Mehr zufällig werden die Hände in der Körpermitte zusammengeführt.

Die Hände sind überwiegend geöffnet.

4. Monat

Die Kopfkontrolle ist vollständig entwickelt. Der Ellbogen-Unterarmstütz wird mit viereinhalb Monaten auch einseitig gehalten. Der Säugling greift nach Gegenständen, die über ihm hängen, und spielt damit mit beiden Händen. Die Hände kommen ins Blickfeld und werden auf der Körpermittellinie zum ersten Mal bewusst zusammengeführt.

Die Hände spielen immer häufiger miteinander (Hand-Hand-Koordination).

Dies ist eine sehr wichtige Voraussetzung für die weitere Reifung der Händigkeit. In dieser Altersstufe bewegt der Säugling noch keine Körperseite bevorzugt. Beobachtet man ausschließlich einseitiges Strampeln, oder wird stets nur ein Arm gestreckt, sollte mit dem Kinderarzt darüber gesprochen werden.

5. Monat

Der Säugling kann aus der Bauchlage sein Gewicht auf einen Arm verlagern und mit der freien Hand gezielt Gegenstände ergreifen. Er ‚schwimmt' jetzt gerne: Arme und Beine werden gleichzeitig angehoben (Gewichtsverlagerung).

Die Gewichtsverlagerung spielt eine zunehmende Rolle.

Er rollt sich von der Bauch- in die Rückenlage und winkelt seine Arme an, wenn er hochgezogen wird. Die Hände greifen gezielt nach einem Gegenstand, Daumen und Finger umschließen ihn, dann erst kommt die zweite Hand dazu, um ihn ebenfalls zu betasten.

6. Monat

Das Kind beherrscht das Drehen von beiden Seiten ausgehend, aus der Bauch- in die Rückenlage und umgekehrt. Aus der Bauchlage kann es Brust und Bauch schon etwas von der Unterlage abheben, die Hände sind geöffnet (Handstütz).

Da die Gehirnhälften noch nicht ausreichend zusammenarbeiten, lässt es einen Gegenstand fallen, wenn es einen anderen ergreift. Kleine Objekte werden mit gestrecktem Daumen, Zeige- und Mittelfinger gegriffen (beginnender Flachzangengriff).

Spielzeug wird jetzt auf der Körpermittellinie von einer Hand in die andere übergeben.

7. Monat

Den Körper zu drehen ist leicht und das Kind versucht, über seitliches Rollen Gegenstände zu erreichen. In Bauchlage schiebt es sich nach hinten.

Fallen sie aus der Hand, werden sie wieder ergriffen und gerne mit lautem Krach auf die Unterlage oder gegeneinander geklopft.

Zwei Gegenstände können gleichzeitig mit beiden Händen gehalten werden.

8. Monat

In Bauchlage dreht sich das Kind jetzt, um vorwärts zu robben. Das Kind klatscht in die Hände und wirft Dinge hinunter (absichtliches Loslassen).
Kleine Gegenstände werden im Flachzangengriff aufgenommen.

9. Monat

Zwei Gegenstände können nacheinander mit einer Hand ergriffen werden.

Das Kind kommt robbend gut vorwärts und übt zur Vorbereitung auf das Krabbeln den Vierfüßlerstand. Gelingt dies, möchte es auch Treppen hinaufkrabbeln. Das Gleichgewicht wird im Sitzen stabil gehalten. Es kann seine Hände einzeln und zusammen sicher bewegen und damit Bewegungsabläufe nachahmen. Kleine Dinge werden zwischen gestrecktem Daumen und Zeigefinger (Pinzettgriff) gehalten.

Hat Ihr Kind beim Essen mit den Fingern eine bevorzugte Hand?

Das Kind fängt an, mit den Händen selbst zu essen, dabei fällt manchen Eltern auf, dass ihr Kind dazu die linke oder rechte Hand bevorzugt verwendet.

10. Monat

Krabbelnd werden Räume erforscht und das Kind beginnt, sich über den Einbeinkniestand hochzuziehen. Schubladen werden geöffnet, ihr Inhalt wird ausgeräumt, Gegenstände werden untersucht und gedreht und kleine Dinge werden mit gekrümmtem Daumen und Zeigefinger gehalten.

Der Kneifzangen- oder Zangengriff ist zu beobachten.

Das Kind isst weiterhin gerne mit den Händen und trinkt aus einer Kindertasse, die es mit beiden Händen hält.

11. Monat

Als Vorbereitung zum freien Gehen läuft das Kind nun seitlich an Möbeln entlang. Es versucht, mit einem Löffel zu essen, was noch nicht besonders gut gelingt. **Vor allem wenn das Kind den Löffel lieber in der linken Hand hält, stellt sich für viele Eltern die Frage, ob ihr Kind linkshändig veranlagt sein könnte.** Schon zu diesem frühen Zeitpunkt ist es wichtig, den natürlichen Handgebrauch des Kindes zu respektieren, um die Entwicklung der Handdominanz und Handgeschicklichkeit optimal zu fördern.

12. Monat

Mit Vorliebe schiebt das Kind jetzt kleine Möbel vor sich her, das Gehen gelingt einige Schritte weit, wenn das Kind an einer Hand gehalten wird. Es versucht, sich mit einem Waschlappen selbst zu waschen, trinkt allein aus einer Tasse und baut Türme aus zwei bis drei Bauklötzen.

Mit kleinsten Krümeln oder Fäden übt es weiter seine Geschicklichkeit.

12. – 15. Monat

Das Kind spielt gern mit Spielzeug, das man auseinander- und wieder zusammenbauen kann.

Das Kind kann frei stehen und in die Hocke gehen, ohne sich festhalten zu müssen. Beim Gehen ist das Gleichgewicht noch etwas labil. Der Gebrauch von ‚Werkzeug' wird interessant: Das Kind übt ausdauernd, mit dem Löffel zu essen, und hantiert gerne mit Stöcken. Es beginnt, durch Nachahmung vieles zu lernen und kritzelt manchmal spontan. Stifte werden dabei in der Faust oder im Pfötchengriff gehalten.

Oft wird das Kritzeln noch mit beiden Händen ausprobiert.

Wie bei der Benutzung des Löffels sollte es dem Kind freigestellt sein, mit welcher Hand es den Stift führt.

15. – 18. Monat

Auch auf unebenem Gelände läuft das Kind sicher, und es versucht auch, rückwärts zu gehen, während das Rennen noch nicht gut koordiniert gelingt. Das Kind klettert gerne und geht Treppen im Nachstellschritt, wobei es sich am Geländer festhält.

Es hantiert sehr häufig und kann einfache Speisen mit dem Löffel essen.

Hauptsächlich lernt das Kind noch durch Nachahmung, unternimmt aber auch schon eigene Experimente.

1,5 – 2 Jahre

Das Kind ist sehr aktiv, rennt und klettert viel und versucht, auch schwierige Bewegungsabläufe zu beherrschen. Es balanciert gerne, hüpft mit beiden Beinen gleichzeitig eine Stufe hinunter und kann kurz auf einem Bein stehen (Einbeinstand). Es produziert schwungvolle Kritzelbilder.

Der Stift wird meist noch in der Faust oder im Pfötchengriff gehalten. Da das Kind mit verschiedensten Gegenständen geschickt hantieren kann, und bei zweihändigen Tätigkeiten die Halte- und die Arbeitshand unterschieden werden können.

Die Handdominanz wird immer deutlicher sichtbar.

2 – 2,5 Jahre

Das Kind geht im Wechselschritt die Treppe hoch. Es lernt Dreirad fahren. Durch die ständige Übung bestimmter, gleicher Bewegungsabläufe bilden sich immer mehr Automatismen. Die Handgeschicklichkeit wird differenzierter und gewandter. Das Kind isst jetzt selbstständig.

2,5 – 3 Jahre

Das Kind rennt sehr gern, kann längere Strecken Dreirad fahren und etwa eine Sekunde auf einem Bein stehen. Einen Softball fängt es mit beiden Armen. Die Geschicklichkeit der dominanten Hand wird weiter geübt.

3 – 3,5 Jahre

Schneiden mit einer Schere ist jetzt sehr beliebt. Schon jetzt ist es an der Zeit, eine Schere gemäß der Händigkeit zu besorgen, auch wenn das Kind vorerst nur schnipselt.

Größere Knöpfe und Reißverschlüsse kann es schon selbst öffnen. Es malt gegenständlicher: Senkrechte und waagrechte Striche, Kreuze und Kreise werden benannt.

Besorgen Sie im Zweifelsfall beide Scheren.

3,5 – 4 Jahre

Großräumiges Ausschneiden gelingt jetzt. Auch Werkzeuge wie Hammer und Schraubenzieher werden gern benützt. Die Malentwicklung macht Fortschritte: Kopf- oder Gliederfüßler entstehen, deren Arme oft noch am Kopf ansetzen.

Die Grobmotorik des Kindes ist sicherer geworden.

Es turnt, balanciert und klettert geschickt. Das Kind kann kurz auf einem Bein hüpfen.

4 – 4,5 Jahre

Das Kind fängt einen Ball mit beiden Händen und kann jetzt auch kleine Perlen sicher auffädeln. Beim Malen wird der Stift im Dreipunktgriff gehalten (*siehe Erläuterungen zum entspannten Schreiben in Kapitel 8*) und erste Schrägen (Dächer, Kleidung) werden in das Bild eingebaut. Ist im Alter von vier Jahren die Händigkeit noch unsicher, sollte dies z. B. im Rahmen der Vorsorgeuntersuchung beim Kinderarzt (U8) angesprochen werden.

4,5 – 5 Jahre

Das Gleichgewicht ist gut ausgeprägt: Das Kind schaukelt im Sitzen und im Stehen, hüpft einige Meter auf einem Bein und kann fünf Sekunden lang auf einem Bein stehen. Ein Ball wird auch aus vier Metern Entfernung sicher gefangen und es lernt Rollschuh laufen und Rad fahren.

5 – 6 Jahre

Im sechsten Lebensjahr lernt das Kind, seine Schnürsenkel selbstständig zu binden. Manche linkshändigen Kinder lernen das Binden einer Schleife wesentlich schneller, wenn sie mit gespiegeltem Bewegungsablauf angeleitet werden (Hinweise im Anhang). **Linkshänder schreiben ihren Namen häufig in allen Varianten der Spiegelschrift.** Das Verdrehen einzelner Buchstaben kommt manchmal auch bei Rechtshändern vor, meist jedoch wesentlich weniger ausgeprägt. Konzentration und Ausdauer nehmen zu, und die Malentwicklung kommt so weit voran, dass auch kleine Muster, Schlaufen und Wellen gezeichnet werden können: Das Kind wird schulreif.

Die Händigkeit ist spätestens jetzt deutlich entwickelt.

Tipp

→ *Geben Sie Ihrem Kind von Anfang an ausreichend Möglichkeiten sich frei und ungehindert zu bewegen. Damit haben Sie auch für die Manifestation seiner angelegten Händigkeit viel getan.*

Linkshänder? Rechtshänder? ‚Beidhänder'?

Ist die Händigkeit bis zum Vorschulalter unklar, hat das immer Gründe. Ein ganz wesentlicher: Linkshändige Kinder wollen gern sein, wie alle anderen und probieren deswegen die rechte aus. Auch eine motorische Entwicklungsverzögerung oder -störung kann die Entwicklung der angelegten Händigkeit beeinflussen, in beiden Fällen erscheint das Kind beidhändig.

4

Der wechselnde Handgebrauch und seine möglichen Ursachen

Manchmal wird in älterer Literatur für den wechselnden oder instabilen Handgebrauch die Bezeichnung ‚Beidhändigkeit' benutzt.

Eine echte Beidhändigkeit würde bedeuten, dass die Hände völlig gleichwertig benutzt werden und weder in der Präferenz noch in der Leistungsfähigkeit der Hände ein Unterschied besteht (Kramer 1970, 109). Oft stellt sich bei gründlicher Händigkeitsuntersuchung heraus, dass es sich bei den ‚Beidhändern' um linkshändig veranlagte Menschen handelt.

Der Begriff ‚beidhändig' ist irreführend.

Ausdrücklich betont sei in diesem Zusammenhang, dass das bewusste feinmotorische Training der rechten und linken Hand beim beidhändigen Malen oder Schreiben den Aufbau einer gesunden Arbeitsteilung im kindlichen Gehirn stört. **Dies widerspricht der landläufigen Meinung, beidhändiges Schreiben mache intelligenter, da es die nicht-dominante Hirnhälfte aktiviere.**

Schaut man genauer hin, sind ‚Beidhänder' oft verkappte Linkshänder.

Möchten Sie die Handbevorzugung Ihres Kindes im Alltag beobachten, schauen Sie ihm weniger bei den Kulturtechniken wie Essen mit Besteck, Malen und Schreiben zu, sondern besonders beim spontanen Hantieren im freien Spiel.

Nicht selten hantieren linkshändig veranlagte Kinder bei gelernten Tätigkeiten, die von Erziehung und Nachahmung stark beeinflusst sein können, mit der rechten Hand, dagegen im spontanen Handlungsbereich bevorzugt mit derlinken. Manchmal fällt auch auf, dass während eines Arbeitsgangs die führende Hand immer wieder gewechselt wird. In jedem Fall ist es ratsam, nach den Ursachen für diese Beobachtungen zu suchen, um Klarheit über die noch verborgene rechts- oder linkshändige Veranlagung des Kindes zu gewinnen.

Im freien Spiel zeigt sich die Händigkeit eher als bei Kulturtechniken.

Ursachen des Instabilen Handgebrauchs	
körperlich	**psychisch, sozial**
Frühkindlich entstandenen Hirnfunktionsstörungen	Nachahmung
unerkannte, minimale Hemiparese	Anpassung
längere Ruhigstellung eines Armes / einer Hand	direkte Beeinflussung durch Bezugsperson

▲ Abb. 4: *Mögliche Ursachen des instabilen Handgebrauchs*

Die Gründe, wie es zum wechselnden Handgebrauch kommen kann, sind vielfältig. Meist kommen verschiedene Einflüsse zusammen, verstärken sich gegenseitig und können gerade bei linkshändig veranlagten Kindern zu einem sehr uneinheitlichen Bild der Handbevorzugung führen.

Was die Manifestation der angelegten Händigkeit beeinflussen kann

Es ist bekannt, dass belastende Faktoren vor, während oder unmittelbar nach der Geburt Auswirkungen auf die kindliche Entwicklung haben können. Ein Beispiel ist das Erleiden eines Sauerstoffmangels während der Geburt, der das hochempfindliche Gehirn des Kindes je nach Dauer des Mangels mehr oder weniger stark belastet oder sogar messbar schädigen kann. Erkennbar wird der Mangel über die direkte Feststellung des Sauerstoffgehaltes des kindlichen Blutes während der Geburt, Auffälligkeiten bei der Aufzeichnung der Herztonfrequenz und/oder einer kurzzeitigen bläulichen Verfärbung der Haut des Neugeborenen. Viele dieser Kinder entwickeln sich völlig unauffällig. Obwohl keine neurologischen Ausfälle festgestellt werden, zeigen sich jedoch bei anderen Kindern im Laufe der Zeit Symptome, die häufig unter dem Begriff minimale zerebrale Dysfunktion oder frühkindlich entstandene Hirnfunktionsstörungen zusammengefasst werden.

Zentrale Anzeichen dieses Phänomens sind „motorische Ungeschicklichkeit, Hyperkinese, Konzentrations- und Aufmerksamkeitsstörungen und Störungen der Impulskontrolle". Weitere mögliche Symptome sind u.a. Gleichgewichtsprobleme und „gestörte Dominanzverhältnisse" (Lösslein / Deike-Beth 2000, 59). Manche Kinder hantieren deshalb noch längere Zeit verstärkt mit beiden Händen, bis sich ihre Rechts- oder Linkshändigkeit eindeutig manifestiert (Sattler 1999a, 99).

Frühkindliche Hirnfunktionsstörungen können eine mögliche Ursache sein.

Als Hemiparese wird die unvollständige Lähmung einer Körperseite bezeichnet, die in verschiedenen Schweregraden vorkommen kann und durch eine Schädigung des Gehirns (z.B. bei der

Geburt) verursacht wird. Sichtbar wird eine deutlich ausgeprägte Hemiparese an der schon in den ersten Lebensmonaten zu beobachtenden Seitendifferenz des Kindes: Es greift fast ausschließlich mit der gesunden Hand, die nicht unbedingt die ursprünglich dominante Hand sein muss (Kesper / Hottinger 2002, 77f). Leichtere Formen bleiben manchmal unerkannt, verzögern jedoch oft die Entwicklung der eindeutigen Handbevorzugung. Dies macht auch die Grenzen unserer heutigen Händigkeitsdiagnostik deutlich: Bevor eine Aussage über die natürliche Rechts- oder Linkshändigkeit der Betroffenen gemacht werden kann, muss eine geeignete Therapie die Störung grundlegend und umfassend behandeln. Auch die **längere Ruhigstellung eines Arms oder einer Hand** (z.B. durch einen Gipsverband) bei sonst störungsfreier Entwicklung kann zu wechselndem Hand-gebrauch führen. Ist die dominante Hand betroffen, versucht das Kind, mit der anderen Hand zurechtzukommen und gewöhnt sich daran, mit der nicht-dominanten Hand zu hantieren, zu schneiden oder zu malen. Bleibt es auch dabei, wenn die dominante Hand wieder frei beweglich ist, kann auch dies zum Bild einer nicht eindeutigen Händigkeit führen.

Neben den beschriebenen körperlichen Ursachen können sich psychische oder soziale Faktoren auf die Bevorzugung einer Hand auswirken. Einer der stärksten Antriebe, die uns die Natur mitgegeben hat, ist das Erlernen von Tätigkeiten und Verhaltensweisen durch **Nachahmung** und **Anpassung**. Nicht selten orientieren sich linkshändig veranlagte Kinder gerade bei Kulturtechniken wie Essen, Malen oder Schreiben an Vorbildern aus der Familie oder anderen geliebten Bezugspersonen. Häufig sind es gerade die intelligenten, wachen linkshändigen Kinder, die genau beobachten und bei diesen Tätigkeiten ganz bewusst auf den Ge-

Nachahmungs- und Anpassungsverhalten eines Kindes können weitere Einflussfaktoren sein.

brauch der rechten Hand achten (Sattler 1999a). Besonders bedenklich ist es, wenn die Kinder ihre Linkshändigkeit als etwas Störendes erleben, das Eltern oder anderen wichtigen Bezugspersonen Ärger, Sorgen oder zusätzliche Mühe bereitet. Viele Kinder spüren auch die Unsicherheit der Eltern, die befürchten, ihr Sohn oder ihre Tochter könnte es in Schule und Berufsleben schwer haben. Wird in der Familie oder im Kindergarten darüber gesprochen und eine sorgenvolle oder sogar ablehnende Haltung eingenommen, kann dies ein einschneidendes Erlebnis für das Kind sein. In der Folge bemüht es sich vielleicht aktiv, kein Linkshänder mehr zu sein und gewöhnt sich bewusst den Gebrauch der rechten Hand für Tätigkeiten an, die ihm wichtig erscheinen.

Ein weiterer Faktor, der meist ganz entscheidend zum bevorzugten Gebrauch der rechten Hand bei linkshändigen Kindern führt, ist selbstverständlich die **direkte Beeinflussung durch Bezugspersonen**. Schon die Aufforderung, es doch mal mit der rechten Hand zu versuchen, kann ausreichen, ein linkshändiges Kind zum Gebrauch der rechten Hand für diese Tätigkeit zu veranlassen. Leider vergessen viele Eltern oder Pädagogen oft, dass das Kind ursprünglich die linke Hand bevorzugte, und halten es für eindeutig rechtshändig – mit weitreichenden Folgen, wenn es daraufhin mit der rechten Hand schreiben lernt (*siehe Kap. 6*).

Auch dir direkte Beeinflussung durch Bezugspersonen ist möglich.

Was tun bei wechselndem Handgebrauch?

Der wechselnde Handgebrauch wird oft als ‚Beidhändigkeit' interpretiert und von vielen Menschen als Vorteil gegenüber einer Einseitigkeit betrachtet. Dem gegenüber stehen Erkenntnisse aus Bereichen der Medizin, Psychologie und Motologie, die sich mit neurologischen und motorischen Entwicklungsstörungen bei Kindern beschäftigen: Benutzt ein Kind in diesem Sinne beide Hände, so ist dies Zeichen einer herabgesetzten Spezialisierung der Gehirnhälften.

Die Spezialisierung macht es leichter, geschickt zu werden.

Es wird mit beiden Händen nicht die Geschicklichkeit entwickeln, die ein anderes Kind mit deutlicher Handdominanz besitzt (Ayres 2013, 114). Das Wechseln der Arbeitshand im Sekundentakt kann in diesem Sinne behandlungsbedürftig sein.

Wie sollen sich Eltern und Pädagogen verhalten, wenn ein Kind wechselnd hantiert und kein einheitliches Bild der Handbevorzugung erkennbar ist?

Grundsätzlich sollte der Handgebrauch des Kindes nicht beeinflusst, aber weiter beobachtet werden. Konkret bedeutet dies, dass Gegenstände nicht in die rechte oder linke Hand gegeben, sondern immer in Körpermitte gereicht werden sollten.

Auch beim Tischdecken sollte darauf geachtet werden, dass die Lage des Bestecks nicht den Gebrauch mit der rechten oder linken Hand erzwingt, dasselbe gilt für die Position der Stifte beim Malen. **Denn viele Kinder mit wechselndem Handgebrauch vermeiden es, über die Körpermitte zu greifen.** Sie hantieren vorwiegend seitenabhängig: Liegt der Löffel rechts, wird mit der rechten Hand gegessen, liegt er links, mit der linken Hand. Bilder werden auf der rechten Seite mit rechts, auf der linken Seite mit links gemalt, und der Handwechsel erfolgt bisweilen auch beim Ausschneiden mit der Schere. Allgemein malen und basteln diese Kinder im Kindergarten eher ungern und ziehen die Bauecke oder die Puppenstube dem Maltisch vor.

Mittiges Anreichen oder Platzieren lässt Ihrem Kind die Wahl.

Es ist wichtig, dass in diesem Stadium nicht die Benutzung einer Hand (meist der rechten) zum Malen gefördert wird, weil der Eindruck entstanden ist, das Kind brauche diese Entscheidungshilfe. Auch sollte eine unterschiedliche Wertung der Hände (‚die schöne Hand') unterbleiben. Dieselben Empfehlungen gelten für wechselnd hantierenden Kinder, die nicht seitenabhängig arbeiten. Eine Beeinflussung ist ein Eingriff in die natürliche Entwicklung und Regeneration des kindlichen Gehirns, der bei linkshändig veranlagten Kindern zum Schreiben mit der rechten Hand und in direkter Folge zur Umschulungsproblematik führen kann (*siehe Kap. 6*).

Die Kinder wechseln lassen, auch wenn's schwer fällt.

Der Entwicklung auf die Sprünge helfen

Wie lange sollte man den wechselnden Handgebrauch nur beobachten und wann ist die Rücksprache mit dem Kinderarzt zu empfehlen? Eltern wird oft geraten, doch einfach abzuwarten und das Kind ‚entscheiden' zu lassen. Das Kind ist dann entweder überfordert oder es ‚entscheidet' sich im Zweifelsfall für die rechte Hand.

Betroffen sind Kinder, die beim Malen (und anderen Kulturtechniken) sowieso die rechte Hand bevorzugen, im freien Spiel allerdings die linke (seltener auch umgekehrt) oder Kinder, die immer wieder die Malhand wechseln. Wenige Monate vor der Einschulung ist dann Eile geboten, um über eine sorgfältige Händigkeitsdiagnostik die dominante Hand herauszufinden und im Anschluss daran die Feinmotorik dieser Hand therapeutisch zu fördern.

Für diese Kinder (und ihre Familien!) wäre es weit weniger belastend, wenn spätestens zu Beginn des 5. Lebensjahres qualifizierte Beratung gesucht würde. Nach Klärung der jeweiligen Ursachen des instabilen Handgebrauchs kann daraufhin in aller Ruhe eine eventuell erforderliche Behandlung begonnen werden. Bei vorwiegend körperlichen Ursachen wird eine darauf abgestimmte Therapie empfohlen. Langfristig sollen dadurch Blockaden gelöst und die motorische Gesamtentwicklung und damit auch indirekt die Ausprägung der Handdominanz gefördert werden. Bei stark seitenabhängig hantierenden Kindern, die es vermeiden, die Körpermittellinie zu überkreuzen, empfiehlt sich die Rücksprache mit dem Kinderarzt schon im vierten Lebensjahr.

Lassen Sie sich beim Spezialisten für Händigkeit beraten.

So hat das betroffene Kind durch die gezielte Therapie die Zeit die es braucht, um noch vor dem geplanten Einschulungstermin die Feinmotorik seiner dominanten Hand zu entwickeln. Auch eine ‚zufällige' Umschulung durch die willkürliche Wahl der Schreibhand ist damit ausgeschlossen.

Ausreichend Zeit ist wichtig für die Förderung der Händigkeit.

Gibt es vorwiegend psychische oder soziale Gründe für die wechselnde Handbevorzugung eines Kindes, müssen diese ebenfalls Gegenstand der Therapie sein.

Woran erkennt man Linkshändigkeit?

Die professionelle Abklärung der Händigkeit muss alles berücksichtigen, was Auswirkungen auf den Handgebrauch eines Menschen haben kann. Nicht mehr und nicht weniger. Eltern und Pädagogen können sich über gezielte Beobachtungen orientieren, ob fachlicher Rat eingeholt werden sollte.

5

Wie Linkshändigkeit getestet wird

Bei den meisten Kindern ist es nicht schwer, Linkshändigkeit früh zu erkennen. Oft weisen schon die ersten spontanen Greifbewegungen darauf hin und später, wenn das Kind beginnt, mit der linken Hand selbstständig zu essen und mit Spielzeug zu hantieren, wird die Veranlagung immer deutlicher. In solchen Fällen ist keine Händigkeitsuntersuchung notwendig.

Schwieriger wird es, wenn lange Zeit wechselnder Handgebrauch vorliegt und zu Hause und im Kindergarten Unsicherheiten über den richtigen Umgang damit bestehen.

Heutzutage sind verschiedenste Tests frei verfügbar. So wie sie beispielsweise versprechen, im Schnellverfahren zuverlässig den Intelligenzquotienten zu berechnen, lassen sich auch entsprechende ‚Händigkeitstests' finden. Davor wird ausdrücklich gewarnt, denn eine seriöse Händigkeitsuntersuchung kann nur von einem Fachmann durchgeführt und ausgewertet werden.

Vor Schnelltests wird ausdrücklich gewarnt.

Denn neben der ausführlichen Beobachtung der Handbevorzugung bei verschiedensten Tätigkeiten müssen mögliche Ursachen des wechselnden Handgebrauchs untersucht und im Ergebnis berücksichtigt werden: **neurophysiologische Irritationen,** der **motorische Entwicklungsstand des Kindes, Störungen der Händigkeitsentwicklung durch die Umwelt** oder das **Modell- und Nachahmungsverhalten des linkshändigen Kindes.** Auch die Frage nach Linkshändern in der Familie sollte als **genetischer Aspekt der Händigkeit** nicht fehlen (Sattler 2001a).

Bei der Händigkeitsuntersuchung spielen viele Faktoren eine Rolle.

Wissenschaftler verschiedenster Fachrichtungen weisen aufgrund der Beeinflussbarkeit des natürlichen Handgebrauchs darauf hin, dass die mechanische Anwendung normierter Testmethoden, die im Sinne der klassischen Testtheorie entwickelt wurden, bei manchen Kindern unweigerlich zu Fehlern führen (Sovák 1968, Olsson / Rett 1989, Sattler 2010).

Gerade die oft verwendeten Papier-Bleistift-Tests messen bei zum Malen bzw. Schreiben umgeschulten Linkshändern genau die Tätigkeit, die manipuliert wurde. Auch ist die ausschließliche Erfassung der Händigkeit auf der Basis relativer Geschicklichkeitsleistung nicht unproblematisch, da sich Linkshänder oft gezwungen sehen, Fertigkeiten mit der rechten Hand zu erlernen (Ullmann 1974, 95).

Vorsicht vor einfachen, schnellen Tests: Sie liegen oft falsch.

Von der Bevorzugung eines Fußes (Füßigkeit) kann nicht in jedem Fall auf die Händigkeit eines Menschen geschlossen werden, da der Fuß in der Regel wesentlich weniger feinmotorisch bedeutsame Bewegungen ausführen muss als die Hand. Zudem wirken sich die gerade bei jüngeren Kindern nicht seltenen Gleichgewichtsprobleme bei der Bestimmung der Füßigkeit verfälschend aus. Daher kann es sein, dass entgegen den Erwartungen beim Fußballspielen das dominante Bein zur Stabilisierung benutzt wird und der nicht-dominante Fuß den Ball kickt.

Es gibt auch rechtsfüßige Linkshänder.

Noch weniger Übereinstimmung besteht offensichtlich zwischen der Bevorzugung eines Auges (Äugigkeit) und eines Ohres (Ohrigkeit) mit der Händigkeit. Das früher geltende Konzept der durchgehenden ‚Seitigkeit' eines Menschen, das besagt, dass ein Linkshänder auch das linke Auge, das linke Ohr und den linken Fuß vorzieht, wird heute nicht mehr vertreten (dies gilt natürlich ebenso umgekehrt für Rechtshänder). Folglich können Abweichungen davon, die *gekreuzte Dominanz*, auch nicht mehr als Zeichen einer fehlerhaften Entwicklung gedeutet werden (Fisher et al. 2001, 291).

Äugigkeit und Ohrigkeit sind unabhängig von der Händigkeit.

Kriterien zur Beobachtung des Kindes

Um Eltern und Pädagogen Hinweise zu geben, bei welchen Tätigkeiten ein Kind mit instabilem Handgebrauch im Rahmen eines kurzen **Vortests** beobachtet werden kann, werden in der nachfolgenden Aufstellung besonders geeignete Beobachtungsmöglichkeiten aufgeführt (Sattler 1998).

Vortest

Achten Sie bei der Durchführung darauf, dass das Material stets auf Höhe der Körpermitte des Kindes platziert ist. Weiterhin soll das Kind möglichst nicht wissen, was genau Sie beobachten wollen.

- *Blumen gießen (kleine Kanne)*
- *Zähne putzen (sich mit Gesten vormachen lassen)*
- *kreiseln*
- *Perlen aus einem Gefäß holen und wieder in dieses einsammeln*
- *Perlen auf einen senkrecht befestigten dünnen Draht stecken*
- *Streichhölzer zählen*
- *Streichhölzer in die Schachtel zurücklegen*

Ganz bewusst sind Papier-Bleistift-Tests wie z.B. das Malen mit beiden Händen nicht aufgeführt, da genau diese Tätigkeit von linkshändigen Kindern gerne mit rechts probiert wird und bei entsprechender Übung der nicht-dominanten Hand äußerst irreführend sein können. **Es werden spontane Tätigkeiten beobachtet, die großes Geschick und feinmotorische Bewegungen erfordern.** Denn diese sind am stärksten lateralisiert und weisen deshalb oft auf die angeborene Händigkeit hin (Fisher et al. 2001, 290).

Bleistift-Papier-Tests sind nicht geeignet.

Dieser Vortest kann eine gründliche Händigkeitsuntersuchung natürlich nicht ersetzen, jedoch eine Entscheidungshilfe sein, ob die Kontaktaufnahme mit entsprechenden Fachleuten empfehlenswert ist.

Wird durch verschiedene Beobachtungen deutlich, dass eine Händigkeitsuntersuchung notwendig ist, sollte man sich an einen entsprechenden Fachmann wenden. Händigkeitsexperten gibt es in verschiedensten Berufsgruppen, wichtig ist die Weiterbildung auf dem Gebiet der Händigkeitstestung. Bis heute gibt es kein Studium und keine Berufsausbildung, die diesen Bereich ausreichend tiefgehend vermittelt. Häufig finden sich Fachleute unter Psychologen, Pädagogen und Therapeuten, die mit motorischen Erkrankungen und Defiziten befassen.

Tipp

→ *Beobachten Sie die Handbevorzugung Ihres Kindes bei spontanen Tätigkeiten. Wenn Sie wegen der Händigkeit unsicher sind, vertrauen Sie sich einem Händigkeitsspezialisten an. Unter www.linkshaender-beratung.de finden Sie eine Adressenliste.*

Der Preis der Anpassung

Für das Schreibenlernen mit der nicht-dominanten Hand zahlt man einen hohen Preis. Der Ausdruck ‚brain breaking' beschreibt treffend, was geschieht. Die Folgen sind das ganze Leben lang spürbar. Manchmal ist Rückschulung sinnvoll, oft ist für das belastete Schulkind nur eine kleinere Lösung machbar.

6

Gibt es Umschulung heute noch?

Als Umschulung im engeren Sinne bezeichnet man das Schreibenlernen mit der nicht-dominanten Hand. Diese Definition der Umschulung lässt völlig offen, ob ein Linkshänder mit rechts oder ein Rechtshänder mit links schreiben lernt.

Körperliche Behinderungen, wie z. B. eine gravierende Verletzung der rechten Hand oder eine Lähmung der rechten Körperhälfte, können Rechtshänder nötigen, mit der linken Hand schreiben zu lernen. Zu wenig ist bekannt, dass auch diese Art der Umschulung das Gehirn belasten und zu folgenschweren Störungsbildern führen kann, wie man sie von umgeschulten Linkshändern schon lange Zeit kennt (Sattler 1986). Theoretisch sind psychische Ursachen denkbar, die ein rechtshändiges Kind dazu veranlassen könnten, mit links zu schreiben. Dieser Fall ist jedoch selten, da das Schreiben mit der linken Hand nicht der gesellschaftlichen Norm entspricht.

Mit links schreibende Rechtshänder sind auch betroffen.

Gibt es die Umschulung eines Linkshänders heute überhaupt noch? Diese häufig gestellte Frage wird oft zu schnell verneint. Die durch körperliche Gewalt erzwungene Umschulung ist im westlichen Kulturkreis in der Tat selten geworden. In Gesellschaften, die den Gebrauch der linken Hand aus religiösen oder anderen weltanschaulichen Gründen für bestimmte Tätigkeiten verbieten, ist das Schreiben mit links hingegen nach wie vor weitgehend tabu.

Der natürliche Handgebrauch eines linkshändigen Kindes wird oft bereits weit vor der Einschulung beeinflusst, ohne dass sich die angeborene Dominanz im Gehirn deswegen ändern ließe. Im Kleinkind- bzw. Kindergartenalter wird besonders beim

Essen, Schneiden und Malen häufiger versucht, Kinder mit instabilem oder linkshändigem Handgebrauch zum rechtshändigen Tun zu bewegen.

Umschulung

Alle Vorgänge, die zum Schreibenlernen mit der rechten Hand führen können fasst man unter dem Begriff ‚Umschulung' eines Linkshänders zusammen: Lernprozesse mit oder ohne Zwang, durch Aufforderung, Nachahmung oder aufgrund einer linksseitigen körperlichen Schwäche. Die Umschulung kann gleichsam unbemerkt ablaufen, bleibt jedoch selten ohne negative Folgen für den Betroffenen (Sattler 2013b).

Bei den Kulturtechniken existieren vielfach noch gesellschaftliche Normen, auf die Wert gelegt wird. Das Schneiden mit der für Rechtshänder vorgesehenen Schere ist für das linkshändige Kind ein zusätzliches Problem, da der Gebrauch mit links nicht möglich ist. Sträuben sich die Kinder nachhaltig gegen solch gut gemeinte Erziehungsversuche, werden sie meist nicht weiter bedrängt. Dies ist ein großer Fortschritt gegenüber dem massiven Druck, der früher ausgeübt wurde.

Wie hält man Messer und Gabel richtig?

Linkshänder profitieren besonders von einer individuellen Pädagogik.

Es gibt jedoch Kinder, die sich schon durch die gelegentliche Aufforderung, die rechte Hand zu benutzen, beeinflussen lassen und sich in der betreffenden Tätigkeit umstellen: Kinder, die sich gerne anpassen und sein wollen wie alle anderen – und linkshändige Kinder, die zu wechselndem Handgebrauch neigen und ihre dominante Hand noch nicht spüren.

Diese Kinder suchen nach Orientierung und nehmen die Umwelt als Vorbild dafür, wie und mit welcher Hand man Tätigkeiten ausführt. Eltern meinen dann oft, das Kind sei beidhändig und brauche deshalb Anleitung, wie man ‚richtig', d.h. mit der rechten Hand, isst und malt. In diesen Fällen sollte jedoch kompetenter Rat eingeholt werden, bevor man beginnt, den Handgebrauch zu manipulieren. Denn es kann sein, dass ein möglicherweise linkshändig veranlagtes Kind durch diese *sanfte Umschulung* angeleitet wird, mit der rechten Hand zu malen.

‚Wechselkinder' suchen nach Orientierung.

So lernen viele linkshändige Kinder quasi automatisch mit der rechten Hand schreiben, da sie die Feinmotorik der rechten Hand beständig üben und von Eltern und Pädagogen zu den Rechtshändern gezählt werden. Manchmal fällt aufmerksamen Beobachtern noch vor der Einschulung auf, dass das Kind im freien Spiel oft die linke Hand bevorzugt, und die Familie findet den Weg zum Händigkeitsexperten. Meist lernt das betroffene linkshändige Kind, mit der rechten Hand zu schreiben. Erst wenn sich unerwartete Konzentrations- und Lernprobleme einstellen, es zu Stottern beginnt oder sich beim bisher unauffälligen Kind Verhaltensauffälligkeiten zeigen, beginnt die manchmal lange und nicht immer erfolgreiche Suche nach den Ursachen. Je nach Störungsbild werden verschiedenste Tests durchgeführt, wobei die gründliche Händigkeitsuntersuchung, die die individuelle Anamnese des Kindes mit einbezieht, noch nicht zum Standard der empfohlenen Maßnahmen gehört.

‚Wechselkinder' nicht willkürlich auf eine Hand festlegen.

Die darauf folgenden Therapien zeigen dann auch nicht die erwarteten Erfolge.

Umstellung ohne Aufforderung von außen

Betroffen sind linkshändig veranlagte Kinder, die sich bewusst oder unbewusst durch Nachahmung von Bezugspersonen zum Malen bzw. Schreiben auf die rechte Hand umschulen. Es handelt sich dabei meist um besonders wache Kinder, die ihre Umwelt ständig aufmerksam beobachten und sich selbst gut kontrollieren können. Auch in diesem Fall werden die Ursachen der später oft auftretenden Schulprobleme selten in der umgeschulten Händigkeit gesucht – hat sich das Kind doch selbst und ohne jeglichen Zwang für das Schreiben mit der rechten Hand entschieden.

Zusammenfassend kann man sagen, dass Umschulung zwar noch stattfindet, jedoch meist früher und im westlichen Kulturkreis ‚sanfter', als dies früher üblich war. Dass die Linkshändigkeit erkannt und trotzdem konsequent umgeschult wird, kommt sicherlich nur noch selten vor. Vielmehr wird ein linkshändiges Kind oft nicht als solches gesehen und die Beeinflussung des Handgebrauchs nicht als Umschulung empfunden.

Dazu kommt, dass Eltern und Pädagogen häufig nicht ausreichend informiert sind, wie sie mit dem wechselndem Handgebrauch umgehen sollen.

Eine sanfte Umschulung ist nicht harmloser.

Die Praxis zeigt auch, dass die Methode der Umschulung keine entscheidende Rolle für die zu erwartenden Probleme des Betroffenen spielt. Ob sanft oder unsanft durch die Umwelt oder durch Anpassung durch das Kind selbst herbeigeführt, die Störung der Arbeitsabläufe im Gehirn ist die gleiche. Die angeborene Dominanz im Gehirn kann eben nicht verändert, sondern nur gestört werden. Wurde mit seelischer oder körperlicher Gewalt umgeschult, verstärkt dies naturgemäß die psychische Belastung.

Mögliche Folgen der Umschulung

Warum ist gerade das Schreiben mit der nicht-dominanten Hand so problematisch?

Der für einen Erwachsenen scheinbar mühelose Vorgang des Schreibens ist in seiner Komplexität eine Höchstleistung des menschlichen Gehirns. In einzigartiger Weise verknüpft es durch Steuerung und Kontrolle zahlreiche Hirnfunktionen miteinander und schafft die Voraussetzungen für eine störungsfreie Zusammenarbeit. Das Schreiben stellt hohe Anforderungen an unsere Feinmotorik, wir müssen uns an die Form und den zugehörigen Bewegungsablauf bei der Ausführung der Buchstaben erinnern, gleichzeitig an Rechtschreibung und Grammatik denken und die beabsichtigte Aussage des Satzes ständig überprüfen. Auch wenn im Laufe des Schreiblernprozesses eine Automatisierung erfolgt, erfordert das Schreiben Konzentrationsfähigkeit und Gedächtnisleistung.

Schreiben ist Höchstleistung fürs Gehirn.

Vereinfacht gesagt, führt das Schreiben des Linkshänders mit der rechten Hand zu einer Überlastung der linken Gehirnhälfte (die die rechte Hand steuert) und einer gleichzeitigen Hemmung der rechten Gehirnhälfte.

Umgekehrt gilt dies für Rechtshänder. Die Zusammenarbeit der Gehirnhälften kann durch diese Fehlbelastung in bestimmten Bereichen nicht mehr zuverlässig geregelt ablaufen. Kann der Betroffene die Belastung nicht mehr kompensieren, kommt es zu zeitweisen Ausfällen, die als Primärstörungen einer Umschulung zusammengefasst werden (Sattler 2010, 70).

Die rechte Gehirnhälfte wird gehemmt, die linke überlastet.

Die Fehlbelastung führt zu Störungen, die meist in besonders belastenden Situationen plötzlich und unerwartet auftreten, so dass sich der Betroffene seiner Leistungsfähigkeit nicht mehr sicher sein kann.

Leistungen werden abhängig von der Tagesform.

An guten Tagen oder im entspannten Gespräch mit Eltern oder Freunden werden oft keinerlei Probleme sichtbar, doch unter emotionalem Stress oder in Prüfungssituationen kommt es wiederholt zu Schwierigkeiten.

Da sich die Störungen verzögert manifestieren können, wenn in höheren Klassen die Anforderungen steigen, erschwert es zusätzlich, die Zusammenhänge zwischen Umschulung und Auffälligkeiten des Kindes zu erkennen. Betont werden muss an dieser Stelle, dass es für die beschriebenen Probleme auch andere Ursachen als die Umschulung der Händigkeit geben kann. Zudem entwickelt nicht jeder umgeschulte Linkshänder zwingend alle der möglichen Störungen.

Es ist individuell unterschiedlich, wie die Fehlbelastung verarbeitet wird.

Die Reaktion des Gehirns variiert, und was beim einen Menschen zum völligen Zusammenbruch führt, kann von einem anderen besser kompensiert werden.

Die möglichen Folgen der Umschulung (nach Sattler)

Primärstörungen

- *Gedächtnisstörungen (besonders beim Abrufen von Lerninhalten)*
- *Konzentrationsstörungen (schnelle Ermüdungserscheinungen)*
- *legasthene Probleme*
- *Raum-Lage-Labilität (Links-Rechts-Unsicherheit)*
- *Sprachstörungen (Stammeln, Stottern)*
- *Feinmotorische Probleme (z. B. schlechtes Schriftbild)*

Sekundärstörungen

- *Minderwertigkeitskomplexe*
- *Unsicherheit*
- *Zurückgezogenheit*
- *Überkompensation durch erhöhten Leistungseinsatz*
- *Trotzhaltungen, Widerspenstigkeit, Imponier- und Provokationsgehabe (z. B. Klassenkasper-Spielen im Unterricht)*
- *Verhaltensstörungen*
- *Bettnässen oder Nägelkauen*
- *Emotionale Probleme bis ins Erwachsenenalter mit neurotischen und / oder psychosomatischen Symptomen*
- *Störungen des Persönlichkeitsbildes*

Besonders beim Abrufen von Lernstoff kommt es regelmäßig zu unerwarteten Blackouts. Was zu Hause geübt wurde, kann plötzlich nicht mehr reproduziert werden. Weder das Kind noch die Eltern oder Lehrer, die daraufhin mit den schlechten Noten konfrontiert sind, haben eine plausible Erklärung für das Versagen. Schulische Beurteilungen enthalten oft eine Formulierung der Art „Der / Die SchülerIn könnte mehr, wenn er / sie nur wollte“, denn die Zensuren entsprechen nicht dem Intelligenzniveau.

Sehr häufig ist das Gedächtnis von der Umschulung betroffen.

Auch Konzentrationsstörungen können das betroffene Kind belasten. Wenn es dem Unterrichtsgeschehen nicht mehr folgen kann, koppelt es sich innerlich davon ab: Es beginnt, träumend aus dem Fenster zu schauen und den eigenen Gedanken nachzuhängen. Bei anderer Gemütslage äußert sich das Ende der Konzentrationsfähigkeit auffälliger: Der Unterricht wird gestört, das Kind beginnt, mit den Nachbarn zu reden, schaukelt mit dem Stuhl, muss auffällig oft zur Toilette oder findet einen anderen Grund, sich bewegen zu können.

Weitere Schwierigkeiten können legasthene Probleme beim Lesen und Schreiben darstellen. Dazu zählen seitenverkehrtes Schreiben von Druckbuchstaben und Ziffern, unspezifische Rechtschreibfehler, das Umstellen von zweistelligen Zahlen und allgemeine Probleme mit der Leserichtung. Umgeschulte Linkshänder entwickeln oft nicht das Vollbild einer Legasthenie, kämpfen jedoch mit einzelnen Symptomen.

Legasthenie kann eine mögliche Folge von Umschulung sein.

Auch die **Raum-Lage-Labilität** ist typisch. Die Unterscheidung von rechts und links gelingt oft bis ins Erwachsenenalter nicht sicher. **Sprachstörungen** wie Stammeln oder Stottern, können in der Schulzeit plötzlich auftreten. Feinmotorische Schwierigkeiten sind naturgemäß häufig, denn die nicht-dominante Hand ist der starken Beanspruchung nicht gewachsen.

Wenn ein Mensch unter einer oder mehreren Primärstörungen leidet, hat das meist auch Auswirkungen auf sein Gefühlsleben. Daher zeigen sich auch sekundäre, psychische Effekte.

Es gibt viele weitere Schwierigkeiten, die auftreten können.

Minderwertigkeitskomplexe und allgemeine Unsicherheit können auftreten und der Betroffene meidet Situationen, in denen er immer wieder versagt. Großes Leid entsteht, wenn das Kind spürt, dass es seine Intelligenz nur unzureichend ausdrücken kann. Häufig wird dieser Zusammenhang im zackigen Profil des Intelligenztests deutlich: Die Ausfälle zeigen sich nur in ganz bestimmten Bereichen, während andere untersuchte Aufgaben im Vergleich überraschend gut gelöst werden.

Die einen reagieren mit Rückzug.

Trifft die Umschulung ehrgeizige Kinder, kommt es zur so genannten *Überkompensation*. Diese Kinder geben sich nicht auf, sondern entwickeln eine *„jetzt-erst-recht"-Haltung*.

Die anderen versuchen mit Anstrengung gegenzusteuern.

Mit großem Aufwand werden Lerninhalte so oft wiederholt, bis sie im Gedächtnis bleiben, und direkt vor der Schulstunde noch einmal durchgelesen, damit vergessene Passagen kurzfristig nochmals abrufbar sind. Diese Haltung ermöglicht zwar eine anspruchsvolle berufliche Karriere, die Betroffenen entwickeln aber manchmal eine auffallend harte Persönlichkeit, die sich und anderen sehr viel Leistung abverlangt.

Zeichen des besonderen Stresses, unter dem das Kind leidet, können auch plötzlich auftretendes *Bettnässen* oder *Nägelkauen* sein. Im Unterricht fällt es öfter durch einen ausgeprägten Widerspruchsgeist auf, es ist trotzig und spielt manchmal den Clown, um sich die Aufmerksamkeit und Anerkennung zu holen, die es so dringend braucht. Auch weit reichende *emotionale Schwierigkeiten* und *Verhaltensstörungen* sind im sekundären Problemkreis bekannt, ebenso wie die Umsetzung der Belastung in *psychosomatische und neurotische Symptomatik*.

Dauerstress und psychosomatische Probleme sind häufig.

Umgeschulte Linkshänder – gibt es einen Weg zurück?

Diese Frage ist es wert, sorgfältig geprüft werden.

Die Rückschulung eines umgeschulten Linkshänders zum Schreiben mit der linken Hand stellt in jedem Fall einen erneuten Eingriff in Gehirnabläufe dar.

Man muss individuell prüfen, ob dadurch die Chance zu mehr Ausgeglichenheit und Leistungsfähigkeit besteht oder ob der Aufwand eine nicht zumutbare Belastung in der jeweiligen Lebenssituation darstellt.

Pauschale Aussagen dazu kann man nicht treffen. Eine Beratung durch Linkshänder-BeraterInnen mit Erfahrung in der Rückschulungsbegleitung hilft, richtig zu entscheiden.

Kindergartenalter

Wird im Kindergartenalter über die Händigkeitsdiagnostik festgestellt, dass ein linkshändiges Kind mit der rechten Hand malt, wäre es zur Vermeidung späterer Umschulungsfolgen sehr empfehlenswert, die linke Hand als zukünftige Schreibhand zu wählen. Wenn die Feinmotorik der linken Hand dies zulässt, ist zu diesem Zweck das Malen mit links schon im Vorfeld der Schule empfehlenswert. Bei körperlichen Ursachen für das Malen mit rechts ist die unumgängliche Voraussetzung dafür die unterstützende Therapie, meist Ergotherapie, die sich an den Ursachen des Problems orientiert.

Die Maßnahmen dürfen nur im Einverständnis mit dem Kind und allen wichtigen Bezugspersonen begonnen werden. Das Tempo einer Rückschulung ist abhängig von den Bedürfnissen des Kindes und den individuellen Gegebenheiten.

Das Kind muss motiviert sein.

Oft identifiziert sich ein früh auf die rechte Hand festgelegtes linkshändiges Kind mit seiner vermeintlichen Rechtshändigkeit bereits so stark, dass nur eine geringe Chance auf sein Einverständnis zum späteren linkshändigen Schreiben besteht.

Grundschulalter

Obwohl die Rückschulung von Kindern im Grundschulalter wegen der schulischen Anforderungen an das Kind schwierig ist, gelingt sie in den ersten beiden Schulklassen relativ häufig.

Ein Grund dafür ist sicherlich die größere Motivation der Kinder, die in vielen Fällen schon unter Umschulungsfolgen leiden und die Zusammenhänge besser verstehen. Auch spüren sie in vielen Fällen überraschend schnell selbst, dass die großflächigen Schwungübungen, die sie anfangs mit der linken Hand durchführen dürfen, eine entspannende und ausgleichende Wirkung haben. Wie bei Vorschulkindern ist die Rückschulung von Schulkindern nur sinnvoll, wenn alle Bedingungen optimal sind: Die Kinder bringen die erforderliche Bereitschaft mit, sie werden therapeutisch unterstützt und zu Hause und in der Schule wird zeitweilig besondere Rücksicht genommen. Jeder Rückschulende und dessen Umfeld muss zudem mit vorübergehendem Leistungsabfall und vermehrten Primärfolgen rechnen und sie akzeptieren können. In diesem Alter ist die Rückschulung eine realistische Chance, einen Teil der negativen Auswirkungen der Umschulung auszugleichen, es besteht jedoch keine Garantie, dass alle beobachteten Schwierigkeiten vollständig behoben werden können.

Das ältere Kind versteht schon besser, worum es geht.

In höheren Klassen sollte eine Rückschulung nur dann versucht werden, wenn vom Kind selbst der starke Wunsch danach ausgeht, denn die Anforderungen an das Schreibtempo sind hoch.

In höheren Klassen ist das geforderte Schreibtempo hoch.

Erwachsenenalter

Nicht wenige Eltern entdecken ihre eigene, umgeschulte Linkshändigkeit über die Linkshändigkeit ihres Kindes und erwägen eine Rückschulung noch im Erwachsenenalter. Die Regenerationsfähigkeit des erwachsenen Gehirns ist zwar noch relativ groß, aber nicht mehr mit der eines Kindes vergleichbar. Nur selten können primäre Umschulungsfolgen komplett rückgängig gemacht werden.

Für viele umgeschulte Linkshänder kommt eine Rückschulung nicht in Frage und psychisch nachwirkende Probleme können mit einem die Problematik anerkennenden Therapeuten überwunden werden. Für andere ist die psychotherapeutisch begleitete Rückschulung eine Möglichkeit zur Selbsterfahrung, die sie rückblickend nicht mehr missen möchten.

Schmerz kann sich auflösen, wenn Probleme endlich Anerkennung finden.

Tipp

→ *Die Tragweite der Umschulungsproblematik ist in der Medizin noch nicht überall angekommen. Zögern Sie trotzdem nicht, mit Ihrem Kind einen neuen Weg zu versuchen, wenn die Chance besteht, dass er förderlich ist*

7 Linkshänder in einer an Rechtshändern orientierten Umwelt

Linkshänder müssen im Leben manchmal sehr kreativ sein. Für Rechtshänder optimierte Dinge und Abläufe funktionieren nur mit Mühe oder gar nicht. Unsere damit konfrontierten Kinder verlieren die Lust daran, diese Dinge linkshändig zu tun. Nur selten wird die händigkeitsgerechte Unterstützung der Kinder in Bildungs- und Lehrplänen explizit gefordert.

Schwierigkeiten von Linkshändern

Die natürlichen Bewegungsabläufe eines Linkshänders unterscheiden sich von denen eines Rechtshänders, bei allen für den rechtshändigen Gebrauch optimierten Gegenständen und Anordnungen wird es schwierig. Über das Ausmaß dieser Schwierigkeiten werden jedoch sicherlich viele erstaunt sein.

Wenn ein linkshändiges Kind heranwächst, kann sein Umfeld jeden Tag miterleben, wie es sich mit der Rechtshänderwelt auseinander setzt.

Sind den Eltern die Zusammenhänge nicht bewusst, halten sie das Kind in vielen Fällen für umständlich und berichten, wie verdreht und ungeschickt es manchmal hantiere.

Das Kind wirkt dann oft ungeschickt.

Beispiel

Liegt der Löffel rechts vom Teller, muss er zum Essen schließlich immer wieder in die linke Hand übergeben und der rechts oben stehende Trinkbecher mit der weniger geschickten Hand gegriffen werden. Wenn das Kind mit dem neuen Baukran spielt, versucht es vielleicht mühevoll, die rechtsseitig angebrachte Kurbel durch Verdrehung des Arms mit der linken Hand zu bedienen.

Wenn es die Karten beim Quartett oder beim Schwarzen Peter in der rechten Hand anordnet, sind die Symbole in der linken oberen Ecke oft nicht mehr zu sehen. Auch der Griff für das heiße Wasser, aufgrund der gängigen Normierung links angebracht, kommt der dominanten Hand des Linkshänders sehr gelegen und wird oft anstatt des kalten geöffnet.

Beispiel

Das Kind muss oft umdenken, bevor es handeln kann:
Wenn das Kind Fahrrad fahren lernt, steigt es meist lieber von der rechten Seite aus auf und ab und möchte das Rad links von sich schieben. Der Ständer des Fahrrads befindet sich jedoch auf der anderen Seite und es muss deshalb umständlich umsteigen.

Diese Beobachtungen zeigen nur einige kleinere Probleme, die sich aus der spontanen Bevorzugung der linken Hand und des linken Beins ergeben können und grundsätzlich nicht mit besonderer Ungeschicklichkeit oder mangelnder Koordinationsfähigkeit zusammenhängen.

Das Kind meint, ständig etwas falsch zu machen.

Die meisten erwachsenen Linkshänder haben sich an Unannehmlichkeiten und Schwierigkeiten in Alltag und Berufsleben gewöhnt, so dass ihnen nicht mehr bewusst wird, welche Benachteiligungen und zusätzliche Anstrengungen sie dafür auf sich nehmen.

Manche erwachsenen Linkshänder glauben, sie hätten ‚zwei linke Hände'.

Manche glauben, sie hätten von Natur aus ‚zwei linke Hände', anstatt die Ursachen bei den Umweltbedingungen zu suchen: Sie hatten nicht die gleichen Chancen wie Rechtshänder, die Geschicklichkeit ihrer dominanten Hand mit passendem Werkzeug zu trainieren. Nicht nur viele Gebrauchsgegenstände und Werkzeuge machen die Benutzung für Linkshänder schwierig, sondern auch deren Anordnung. Der Spülbereich einer Küche z.B. müsste gespiegelt zur Norm aufgebaut werden, da Linkshänder in dieser Anordnung von links nach rechts arbeiten (Faxel et al. 1997). Erst eine genauere Betrachtung der Bedingungen des Einzelnen in seiner individuellen Umgebung zeigt die Komplexität der Thematik.

Wie aber kann man Rechts- und Linkshändern gleichermaßen gerecht werden? Bei der Planung von Spiel- und Werkzeug, Bedienfeldern an Geräten und Maschinen und der Einrichtung von Räumen und Arbeitsplätzen wäre eine für Links- und Rechtshänder gleichermaßen geeignete Auslegung ideal (Schmauder 1999). Konstrukteure und Designer haben in manchen Bereichen begonnen, die Händigkeit in die Planung neuer Produkte mit einzubeziehen. Noch ist dies allerdings eher die Ausnahme als die Regel. Ein Beispiel eines unter ergonomischen Gesichtspunkten guten Kompromisses ist die Gestalt von symmetrischen Computermäusen, die für rechts- und linkshändigen Gebrauch einstellbar und gleich gut zu bedienen sind.

Daneben gibt es Gebrauchsgegenstände, bei denen ein Kompromiss nicht möglich ist und zwei asymmetrische Versionen angeboten werden müssen. Die Schere für Linkshänder z.B. hat anders angeordnete Schneidblätter, die eine optimale Auge-Hand-Koordination beim Schneiden ermöglichen. Derartige Gegenstände sollten linkshändigen Kindern von Anfang an zur Verfügung stehen.

Manchmal gibt es keinen Kompromiss.

Wenn das Kind seine Linkshändigkeit ablehnt

Wenn sie unauffällige Unterstützung erfahren, vertreten die meisten Kinder ihre Händigkeit auch nach Außen hin selbstbewusst. Gerade im Vorschulalter kommt es jedoch manchmal vor, dass ein Kind seine Linkshändigkeit ablehnt. Es bemerkt vielleicht, dass es sich von Mutter und Vater unterscheidet, immer wieder Linkshänder genannt wird und andere Werkzeuge als seine Kameraden im Kindergarten braucht.

Manche Kinder fühlen sich dadurch ausgegrenzt und Sonderrollen sind in dieser Altersstufe nicht leicht zu akzeptieren. Das Kind möchte zur Mehrheit dazugehören und lehnt deshalb seine Händigkeit ab: Es sei eigentlich gar kein Linkshänder, denn es könne das alles doch auch mit rechts.

Ein Sonderstatus ist in diesem Alter unangenehm.

Oft stellt es seinen Handgebrauch daraufhin bei bestimmten Tätigkeiten selbst auf die rechte Hand um. Wenn es aus diesem Grund beginnt, mit rechts zu malen oder zu schreiben, stellt dies den Anfang einer Selbstumschulung dar.

Handeln Sie, wenn Ihr Kind beginnt, rechts zu trainieren.

Man kann diesen Kindern nur helfen, indem man offen und in ihren Worten über die natürlichen Ursachen der Händigkeit spricht. Als besonders hilfreich kann es sich erweisen, wenn nicht nur die Eltern, sondern auch der/die ErzieherIn in der vertrauten Runde des Stuhlkreises das Thema mit allen Kindern gemeinsam behandelt. Um das Selbstbewusstsein des Kindes zu stärken, kann man aus der langen Liste linkshändiger Berühmtheiten eine Persönlichkeit herausgreifen, die das Kind besonders anspricht (Uni-Protokolle.de 2014). Denn wenn ein US-amerikanischer Präsident, der verehrte Sportler oder Schauspieler auch linkshändig ist, trägt dieser Gedanke dazu bei, diese Eigenschaft auch an sich selbst besser akzeptieren zu können.

Unterstützung der Linkshändigkeit – Wozu?

Die wichtigste Voraussetzung zur Unterstützung und Förderung des Kindes ist der selbstverständliche Umgang mit seiner Linkshändigkeit, d.h. sie wahrzunehmen und zu akzeptieren wie jede andere Begabung, die ihm mit in die Wiege gelegt wurde. Leichter gesagt als getan, meinen viele rechtshändige Eltern und Pädagogen, denn wenn das Kind bestimmte Fertigkeiten erlernen soll, fällt das Umdenken manchmal schwer und nicht immer steht sofort entsprechendes Informationsmaterial zur Verfügung.

Wie benutzt ein Linkshänder am günstigsten sein Besteck, und wie bindet er seine Schnürsenkel? Wie hält er den Stift, und wie kann er mit links schreiben, ohne die Tinte zu verwischen? Spätestens beim Versuch, sich linkshändiges Stricken vorzustellen, stellt sich für manchen die Frage, wie weit die Förderung der Linkshändigkeit gehen soll.

Das linkshändige Kind muss jemand fragen können.

Viele Fragen: Ist Unterstützung überhaupt notwendig oder kommen die Kinder auch ohne sie zurecht? Wird hier womöglich künstlich problematisiert? Wir leben in einer Welt, die nur selten den Bedürfnissen von Linkshändern gerecht wird. Wäre es deshalb nicht angebracht, das Kind so früh wie möglich an den Gebrauch der rechten Hand zu gewöhnen?

Was die Praxiserfahrung lehrt: Die Beratungspraxis zeigt, dass dies sehr brisante Fragen sind, die innerhalb der Familie oder im Gespräch mit ErzieherInnen und LehrerInnen oft noch kontrovers diskutiert werden.

Gegen die verbreitete Haltung, Unterstützung sei überflüssig, sprechen vor allem wissenschaftliche Untersuchungen. Aber auch die alltäglichen Erfahrungen der Beratungsstellen und Therapeuten, die mit den entstandenen Problemen der Betroffenen konfrontiert sind, sprechen eine deutliche Sprache. Vielleicht sieht ein Kind heute keine Schwierigkeit darin, bestimmte Dinge mit rechts zu lernen oder in der Hakenhaltung „von oben" mit links zu schreiben. Die langfristigen gesundheitlichen Folgen werden jedoch meist erst dann erkannt, wenn es für Veränderungen zu spät ist.

Ergebnis einer Erziehung zur ‚Beidhändigkeit'

In der ersten Hälfte des letzten Jahrhunderts wurden pädagogische Experimente durchgeführt, die bei Kindern künstlich eine Beidhändigkeit erzeugen sollten. Die jeweils nicht-dominante Hand wurde gezielt geübt, denn man wollte eine gleich hohe Geschicklichkeit beider Hände erreichen. Es kann nicht genug betont werden, dass die Ergebnisse dieses groß angelegten Versuchs für Rechts- und Linkshänder gleichermaßen äußerst negativ waren und das beidhändige Training wieder aufgegeben wurde (Sattler 2010).

Die Umschulung zum Schreiben mit der rechten Hand führt zu Irritationen von Gehirnprozessen und ist deshalb eindeutig abzulehnen. **Eine von außen zugefügte Umschulung ist eine von außen zugefügte Behinderung und die Zulassung einer Selbstumschulung wird von Sattler als unterlassene Hilfeleistung gewertet** (Sattler 2013b, 342). Auch ein Training der rechten Hand in anderen, die Feinmotorik betreffenden Bereichen ist ungünstig.

Rechtshändige Kinder werden automatisch unterstützt.

In der heutigen Zeit wird ein rechtshändiges Kind selbstverständlich in seiner feinmotorischen Entwicklung unterstützt und die Idee liegt fern, seine natürliche Bewegungskoordination durcheinander zu bringen. Diese automatische Förderung erfahren Linkshänder nicht. Möchte man linkshändigen Kindern die gleichen feinmotorischen Entwicklungschancen geben, ist eine gezielte Unterstützung unerlässlich.

Nur dann ist gewährleistet, dass sie später Freude an komplizierten handwerklichen Tätigkeiten haben werden. Die Förderung der Linkshändigkeit verbessert zudem ganz wesentlich die Chancengleichheit zwischen Links- und Rechtshändern.

Es geht um die Freude am handwerklichen Tun.

Im Alltag des Kindes und im späteren Berufsleben werden durch eine händigkeitsgerechte Ausstattung und Anleitung Unfälle verhindert und gesundheitliche Folgeschäden vermieden. Denn gerade in Situationen, in denen schnell reagiert werden muss, greifen Linkshänder spontan oft nicht dorthin, wo sich der Hebel für die Notabschaltung beim für Rechtshänder optimierten Werkzeug befindet. Auch können Linkshänder an für Rechtshänder konstruierten Maschinen nur arbeiten, wenn sie ungünstige Fehlhaltungen einnehmen oder die rechte ungeschicktere und langsamere Hand als Führungshand einsetzen.

Und es geht um die Gesundheit.

Da unsere Gesellschaft Linkshänder im Allgemeinen noch nicht umfassend unterstützt, liegt eine besondere Verantwortung bei der Familie und den Pädagogen des Kindes. Ihr Kind empfindet seine Linkshändigkeit vielleicht als eine persönliche Eigenschaft und deutet Vorbehalte dagegen als Zurückweisung seiner gesamten Person. Akzeptieren Sie seine Linkshändigkeit und den damit verbundenen Mehraufwand, wird es sich mit einer positiven emotionalen Entwicklung bedanken.

Eltern und engagierte Pädagogen sind gefordert.

Pädagogische Richtlinien?

Pädagogen, die konkrete Richtlinien zur händigkeitsgerechten Förderung von Kindern bis zum Einschulungsalter suchen, werden bei der Durchsicht der Bildungs- und Erziehungspläne der deutschen Bundesländer enttäuscht.

Bildungs- und Lehrpläne entsprechen nicht dem Stand der Forschung.

Es besteht kein ausdrücklicher Auftrag des öffentlichen Arbeitgebers, linkshändige Kinder entsprechend anzuleiten und das notwendige Material zur Verfügung zu stellen. Meist wird nicht einmal erwähnt, dass es Linkshänder gibt. Ähnlich sieht es aus, wenn das Kind in die Schule kommt. Nur selten behandeln die Lehrpläne das Thema Linkshändigkeit angemessen bzw. dem Forschungsstand entsprechend.

Montessori- und Waldorfpädagogik

Maria Montessori (1870–1952) begründete die gleichnamige Pädagogik. Da sie sich in ihren Schriften zu Händigkeit nicht geäußert hat, fehlen detaillierte Anweisungen in aller Regel auch in der Ausbildung zur Montessori-Pädagogin (Tiemann-Simon 2006).

Allerdings haben in der Erziehungslehre Maria Montessoris die Freiheit des Kindes und die Zurückhaltung der PädagogInnen gegenüber den kindlichen Handlungen einen ausgesprochen hohen Stellenwert. Maria Montessoris Lehre wird deshalb hierzulande so interpretiert, dass die Kinder ihren Handgebrauch frei wählen dürfen.

Ob eine gezielte händigkeitsgerechte Anleitung geschieht, hängt jedoch – wie bei jeder anderen Erzieherin – vom persönlichen Engagement und Wissen der Pädagogin ab. Linkshändiges Schreiben wird an Montessori-Schulen toleriert (Tiemann-Simon 2006).

Die Freiheit des Kindes steht bei Montessori im Mittelpunkt.

Die Grundlage der Waldorfpädagogik bilden die geisteswissenschaftlichen Erkenntnisse ihres Begründers Rudolf Steiner (1861–1925).

Er empfahl auch für linkshändige Kinder das Schreiben mit der rechten Hand, bei allen anderen Tätigkeiten solle das Kind *freie Hand* haben. Er ging davon aus, dass sich Linkshändigkeit als Folgezustand eines früheren Erdenlebens ergeben könne, in dem sich der betreffende Mensch zu sehr verausgabt habe. Im nächsten Erdenleben sei deshalb die rechte Körperseite weniger kräftig ausgebildet als die linke. Auch 2013 kann man in einem Ratgeber lesen, der Erziehung käme die Aufgabe zu, die rechte Seite zu stärken (Goebel / Glöckler 2013, 543 ff). Manche Waldorfpädagogen setzen diese Empfehlung auch heute noch um, andere nicht mehr (Boie 2006).

Rudolf Steiner plädierte für die Umschulung der Schreibhand.

Tipp

→ *Bei rechtshändigen Kindern geschieht die Unterstützung der Händigkeit ganz automatisch. Bei linkshändigen Kindern bedeutet sie Chancengleichheit – der mit einem kleinen Mehraufwand für Eltern und Pädagogen zu erreichen ist.*

Praktische Tipps für Alltag, Kindergarten und Schule

Ein linkshändiges Kind braucht ein paar Gegenstände, die seiner Ergonomie entgegenkommen, ein paar mehr, wenn es ein entsprechendes Hobby hat. Entspanntes Schreiben ist mit einer guten Schreibhaltung kein Problem. Beim Werken und Handarbeiten ist Anleitung nötig, es sei denn, es gibt ein Vorbild, von dem es abschauen kann.

8

Was beim Kauf von Spielzeug zu beachten ist

Wenn ein Kind mit einem Gegenstand immer wieder hantiert, sollte es dies in einem möglichst harmonischen und ergonomisch günstigen Bewegungsablauf durchführen können. Inwieweit gängige Spielsachen dies auch für linkshändige Kinder gewährleisten, untersuchte eine Studie (von Rotberg 2001).

Die Hersteller denken noch zu wenig an Linkshänder.

Sie ergab, dass die Händigkeitsproblematik in der Spielwarenbranche offensichtlich noch eine untergeordnete Rolle spielt. Spielzeug sollte grundsätzlich für Rechts- und Linkshänder gleich gut handhabbar sein. Spezifische Mechanismen wie Drehkurbeln, Hebeln oder Arretiervorrichtungen sind jedoch in aller Regel für die rechtshändige Verwendung montiert. Grundsätzlich gilt:

„Je ‚echter' das Spielzeug den realen Gegebenheiten der Erwachsenenwelt nachempfunden ist, umso mehr Einschränkungen bestehen in Bezug auf die Wahlfreiheit im Gebrauch der Hand …" (von Rotberg 2001).

Linkshändige Kinder werden dadurch immer wieder frustriert, ohne dass sie ausdrücken können, woher die Irritation kommt. Wie in vielen anderen Bereichen ist es sicherlich nur eine Frage der Zeit, bis Hersteller bezüglich der Händigkeitsproblematik reagieren werden.

Tipp

→ *Je häufiger engagierte Eltern im Fachhandel Spielzeug auch unter diesem Aspekt aussuchen und bewerten, desto eher werden Hersteller reagieren und entsprechend mehr Spielzeug anbieten, das gleichermaßen für Links- und Rechtshänder geeignet ist.*

Gebrauchsgegenstände und ihre Handhabung

So wenig wie möglich, aber so viel wie nötig.

Das sollte das Motto bei der Ausstattung mit Linkshandartikeln sein. So wenig wie möglich, um das Kind nicht unablässig in eine Sonderrolle zu drängen, die letztlich oft zur Ablehnung der eigenen Linkshändigkeit führt und unliebsame Reaktionen bei seinen rechtshändigen Geschwistern und Freunden auslösen kann. So viel wie nötig, um die Geschicklichkeit zu schulen und Chancengleichheit zu gewährleisten.

Im Kindergartenalter reicht eine Schere und ein Spitzer.

Die Liste wichtiger Gebrauchsgegenstände ist übersichtlich, deren Anschaffung daher sicherlich für jede Familie zumutbar. Die Artikel sind manchmal im Sortiment des Fachhandels, meist über den Versandhandel für Linkshänder erhältlich. Entsprechende Adressen finden sich im Anhang bzw. sind über einschlägige Suchmaschinen im Internet leicht zu finden. Die nachfolgende Zusammenstellung orientiert sich am Alltag von Kindern im Vorschul- und Schulalter und erhebt keinen Anspruch auf Vollständigkeit. Gerade im Hinblick auf Hobbys und die spätere Berufsausbildung kann es notwendig werden, sich über die Verfügbarkeit spezieller Werkzeuge oder Hilfsmittel im Fachhandel zu informieren.

Linkshänderschere: Die Schere für Linkshänder ist das Spiegelbild der Schere für Rechtshänder.

Eine Schere für beide Hände kann es nicht geben.

Scheren, die für beide Hände gleich gut verwendbar sind, kann es nach ergonomischen Maßstäben nicht geben, auch wenn dies gerade von manchen Kinderscheren behauptet wird. Meist handelt es sich dabei um Rechtshänderscheren mit etwas besser angeschliffenen Schnittkanten. Bei Linkshänderscheren muss das obere Schneidblatt links außen liegen, um zu gewährleisten, dass man beim Schneidvorgang von der Innenseite auf die Schnittlinie sehen kann (*siehe Abb. 5*).

Bei Scheren für Erwachsene sind oft auch die Grifflöcher so geformt, dass der Daumen im oberen Loch gut Platz hat und ein oder mehrere Finger durch das untere passen. Gerade beim Schneiden von härteren Materialien wie Pappe, Stoff oder Blech verhindert dies, dass sich schmerzhafte Druckstellen bilden.

Benutzt ein linkshändiges Kind beim Schneidenlernen eine Rechtshänderschere und versucht, genau auf einer Linie zu schneiden, so gelingt dies in einer bequemen Haltung nicht.

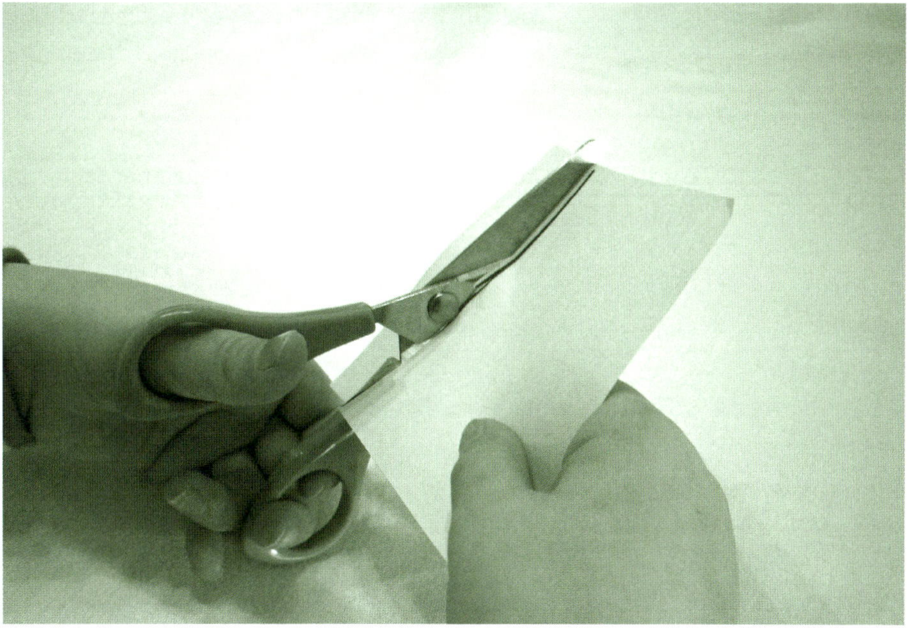

▲ Abb. 5: *Linkshänderschere*

Erst wenn es die linke Hand nach innen verdreht oder die Schere rechts von der Körpermitte hält, wird die Schnittlinie sichtbar.

Mit der falschen Schere wird die Hand nach innen verdreht.

Sehr ungünstig ist auch, dass der linke Teil des abgeschnittenen Papiers über die schneidende Hand nach oben geschoben wird und nicht locker nach unten fällt. Außerdem verkantet sich die Schere beim Verarbeiten von dicken oder harten Materialien und klemmt sie nur ein anstatt sie zu durchtrennen. Dies kann ein Rechtshänder leicht nachvollziehen, wenn er versucht, feste Pappe oder Stoff mit der linken Hand und einer Rechtshänderschere zu schneiden. Umgekehrt klingt paradox: Hat ein erwachsener Linkshänder in seiner Kindheit mit viel Mühe gelernt, linkshändig mit einer Rechtshänderschere umzugehen, kann er mit der an sich günstigeren Linkshänderschere oft nicht umgehen.

Auch eine wenig ergonomische Haltung wird automatisiert.

Die umständliche und unergonomische Haltung, die er beim Schneiden automatisch einnimmt, lässt sich kaum mehr ändern.

Zusätzlich zur Auswahl der richtigen Schere muss der Schneiderichtung Beachtung geschenkt werden.

Beispiel

Schneiden mit links

Werden Formen und Figuren ausgeschnitten, beginnt das linkshändige Kind nicht auf der rechten, sondern stets auf linken Seite des Bildes. Beim Schneidenlernen üben die Kinder Figuren, die aus Spiralen aufgebaut sind. Diese müssen für Linkshänder von innen nach außen betrachtet gegen den Uhrzeigersinn gezeichnet werden.

Wenn ein linkshändiges Kind beginnt, den Umgang mit der Schere zu lernen, sollte ihm bereits eine Linkshänderschere zur

Verfügung stehen, um ihm langfristig Frustrationen zu ersparen. Normalerweise haben gut sortierte Schreibwarenhändler runde und spitze Bastelscheren für Kinder in ihrem Sortiment, manchmal auch Haushaltsscheren. Spezialscheren sind meist nur über den Versandhandel zu beziehen.

Linkshänderfüller: Der Linkshänderfüller kommt der Schreibweise des Linkshänders entgegen und ist im Griffbereich an die Bedürfnisse der linken Hand angepasst.

Die Feder wird beim Schreiben in einem anderen Winkel aufgesetzt als beim rechtshändigen Schreiben und ist deshalb entweder dazu passend angeschliffen oder kugelartig geformt. Die eher rund geformten Federn können von Links- und Rechtshändern gleich gut verwendet werden. Die Griffmulden sind entweder symmetrisch oder spiegelbildlich zum Rechtshändermodell angeordnet.

Feder und Griffmulden sind an das linkshändige Schreiben angepasst.

Anfängerfüller und Füller für ältere Schüler werden von gängigen Firmen in vielen Farben und Ausführungen angeboten. Linkshänderfüller gehören inzwischen zum Sortiment jedes Schreibwarenhandels. Grundsätzlich sollte das Kind den Füller vor dem Kauf selbst ausprobieren dürfen, um den für seine Bedürfnisse geeigneten auswählen zu können.

Kalligrafiefeder: Die Spitze der Bandzugfeder für Linkshänder ist links angeschrägt. Würde man eine normale, waagrecht geschliffene Feder benutzen, müsste in sehr ungünstiger Haltung von oben nach unten geschrieben werden.

Auch beim Kalligrafieren ist die gute Schreibhaltung entscheidend.

Beispiel

Zur Technik: In der Hakenhaltung schreibende Linkshänder haben oft große Schwierigkeiten beim Kalligrafieren. Weitgehend problemlos erlernen diese Schreibtechnik dagegen Linkshänder, die die Schreibweise von unten mit nach rechts geneigtem Blatt gewöhnt sind. Im Kunstunterricht höherer Schulklassen ist die Auseinandersetzung mit verschiedenen kalligrafischen Schriftarten häufig vorgesehen.

Linkshänderspitzer: Wie spitzen linkshändige Kinder mit einem Rechtshänderspitzer? Manche passen sich an und spitzen ihre Stifte wie Rechtshänder. Andere halten zwar Stift und Spitzer wie Rechtshänder, drehen aber dann den Spitzer mit links nach innen. Oder der Stift wird mit der linken Hand nach innen gedreht und der Spitzer in der rechten Hand gehalten. Alle Versionen sind ergonomisch nicht günstig und können dazu führen, dass die Stifte abbrechen und das Kind den Spitzer nur ungern benutzt.

▲ Abb. 6: *Spitzer*

Der Spitzer für Linkshänder erlaubt den optimalen Bewegungsablauf, in dem man am meisten Kraft entwickeln kann: Der Stift wird in der linken Hand gehalten und in einer Drehbewegung nach außen angespitzt. Theoretisch müsste ein Spitzer für die Benutzung in beiden Drehrichtungen entwickelt werden können, der für Rechts- und Linkshänder gleichermaßen funktionstüchtig ist. Dazu müssten zwei gegenüberliegende Messer montiert sein. Diese Variante wird im Moment jedoch noch nicht hergestellt.

In dieser Richtung hat die linke Hand am meisten Kraft.

Linkshänderspitzer gibt es inzwischen im Schreibwarenhandel in verschiedensten Ausführungen: mit und ohne Auffangbehälter, aus Glas, Metall oder Plastik, für dünne und dicke Stifte.

Linkshänderlineal: Im Gegensatz zum Rechtshänderlineal zählt die Ausführung des Linkshänderlineals von rechts mit der Null beginnend nach links aufsteigend.

▲ Abb. 7: *Lineal*

Die Vorteile sind offensichtlich: Linkshänder führen den Stift meist automatisch in dieser Richtung, und die Striche können wesentlich lockerer gezogen als in der Gegenrichtung geschoben werden. So besteht nicht die Gefahr, dass die Spitze des Stifts abbricht, und es kann gleichzeitig mühelos abgemessen werden.

Es gibt Vor- und Nachteile.

Auf die möglichen Nachteile weisen vor allem Pädagogen hin: In den ersten Schulklassen wird der von links nach rechts zählende Zahlenstrahl vermittelt und der sich darauf aufbauende Zahlenraum. Die gegenläufige Anordnung der Zahlen auf dem Lineal kann das jüngere Kind verwirren, so dass Pädagogen empfehlen, die Benutzung des Lineals erst für höhere Klassen anzubieten. Eine Alternative für ältere Schüler ist auch das Geometriedreieck, bei dem die Nullmarkierung in der Mitte der Skala angebracht ist.

Linkshändermesser: Messer, die für die Benutzung mit der linken Hand gefertigt werden, sind linksseitig angeschliffen.

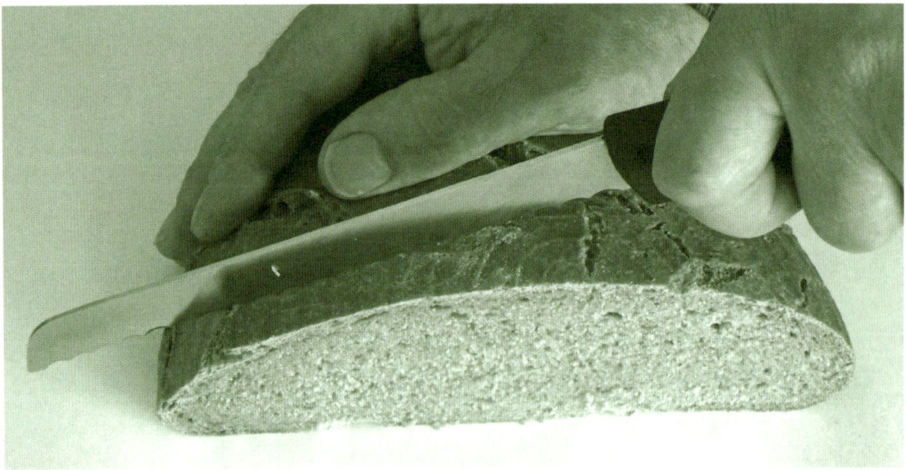

Abb. 8: Linkshändermesser

Schneidet ein Linkshänder mit einem gewöhnlichen Messer, würde eine Brotscheibe z. B. oben dick und unten dünn werden. Mit einem Linkshändermesser gelingt genaues Schneiden wesentlich leichter und man riskiert nicht, abzurutschen und sich zu verletzen. Taschenmesser haben neben dem linksseitigen Schliff auch die Kerbe zum Herausziehen des Messers an der für die linke Hand günstigen Stelle.

Mit dem ‚normalen' Messer müssen Linkshänder immer gegenhalten.

Dosenöffner für Linkshänder: Der Dosenöffner für Linkshänder erlaubt einen genau spiegelbildlichen Bewegungsablauf zum herkömmlichen Gerät. Im Versandhandel werden zum Teil auch links- und rechtsdrehende Dosenöffner angeboten.

Abb. 9: Dosenöffner

Sparschäler für Linkshänder: Damit die Hand beim Schälen zum Körper hin bewegt werden kann, gibt es spezielle Sparschäler für Linkshänder.

Daneben sind auch zweischneidige Ausführungen erhältlich, die für den rechts- und linkshändigen Gebrauch geeignet sind.

Damit man nicht vom Körper weg schälen muss.

Fischbesteck für Linkshänder: Das Fischmesser ist auf der anderen Seite gekröpft, damit linkshändiger Gebrauch möglich wird.

Korkenzieher für Linkshänder: Der Korkenzieher ist in Gegenrichtung gewendelt. Er kann mit der linken Hand gegen den Uhrzeigersinn in den Korken gedreht werden. Wie beim Spitzer ist diese Drehrichtung ergonomisch günstiger.

Eisportionierer: Viele Eisportionierer sind mit einem dünnen Metallbügel ausgestattet, der die Eiskugel vom Gerät löst. Bei linkshändigem Gebrauch ist dieser Bügel ungünstig angebracht und bricht deshalb leicht ab. Eine Alternative dazu ist ein Eisportionierer für Linkshänder oder ein Modell mit symmetrischer Technik.

Stuhl mit Collegplatte: In vielen Fachräumen für den Musikunterricht gibt es Stühle mit einem seitlich herausklappbaren Tischchen zum bequemen Schreiben.

Damit Linkshänder nicht auf den Knien schreiben müssen.

Bei der Einrichtung der Unterrichtsräume sollten die linkshändig schreibenden Kinder nicht vergessen werden, für die es die Stühle auch mit linksseitigem Tischchen gibt.

Eishockeyschläger, Golfschläger, Schützenbogen, Bumerang:

Gerade im Sport ist eine optimale Ausrüstung wichtig, um die Leistungsfähigkeit und Geschicklichkeit des linken Arms bzw. der linken Hand weiterentwickeln zu können. Die folgende Aufstellung fasst die im Vorigen beschriebene Auswahl zusammen:

Nützliche Gebrauchsgegenstände für Linkshänder

- *Schere*
- *Füller*
- *Spitzer*
- *Lineal (mit Einschränkungen)*
- *Kalligrafiefeder*
- *Stuhl mit Collegplatte*
- *Brotmesser*
- *Küchenmesser*
- *Schläger, z. B. für Golf oder Eishockey*
- *Dosenöffner*
- *Sparschäler*
- *Taschenmesser*
- *Fischbesteck*
- *Korkenzieher*
- *Eisportionierer*
- *Bogen*
- *Bumerang*

Musikinstrumente

Einige verbreitete Musikinstrumente gibt es in einer Version für Linkshänder oder sie lassen sich entsprechend umbauen. Wie bei anderen Tätigkeiten sollte die linke Hand als Führungshand eingesetzt werden können, da die rechte Hand die geforderte Leistung oft nicht erbringen kann.

Auch wird für bestimmte Instrumente diskutiert, ob das rechtshändige Spiel – besonders wenn eine Profilaufbahn eingeschlagen wird – Umschulungsfolgen auslösen könnte (Sattler 1999b). Große Hersteller von Musikinstrumenten, aber auch engagierte kleinere Betriebe bieten Linkshänderinstrumente an (*Adressen im Anhang*).

Nicht wenige haben die Lust am Instrument verloren.

Manche linkshändigen Kinder kommen sehr gut mit einer gewöhnlichen *Blockflöte* zurecht, andere bevorzugen die umgestellte Flöte, bei der die linke Hand die tiefen Töne greift. Entsprechende *Altflöten* können angefertigt bzw. umgebaut werden, dasselbe gilt für *Tenor- und Bassflöten*. Leider gibt es *Querflöten* nur in der nach rechts gehaltenen Version. Möchte ein Kind nach dem Erlernen der umgestellten Blockflöte auf die Querflöte wechseln, kann dies Schwierigkeiten bereiten.

Das *Klavier*, bei dem die rechte Hand meist den anspruchsvolleren Teil bewältigen muss und die linke Hand dann nur begleitende Funktion hat, ist nicht sehr günstig für Linkshänder. Lehrer und Schüler sollten immer bedenken, dass die nichtdominante rechte Hand langsamer lernt als die linke. Um der linken Hand ab und zu größere Entfaltungsmöglichkeiten zu geben, kann auf Werke verschiedener Komponisten speziell für die linke Hand zurückgegriffen werden. Beispiele dafür sind Klavierkonzerte von Maurice Ravel (in g-moll), Sergej Prokofjew (Nr.

4 in B-Dur) oder die Passacaglia für Klavier in der Komposition „Panthenäenzug“ von Richard Strauss. Auch im Jazz wird die linke Hand häufig intensiver eingesetzt, und beim bekannten „Boogie-Woogie“ fällt ihr meist der führende Part zu und die rechte Hand begleitet. Bei *Schlaginstrumenten* sollte die linke Hand anschlagen bzw. die Führungsrolle einnehmen können. Schlagzeuge können zu diesem Zweck spiegelverkehrt aufgebaut werden. Schon im Kindergarten, wenn die Kinder erste musikalische Erfahrungen mit den beliebten *Orff-Instrumenten* machen, sollte daran gedacht werden.

Bei der *Gitarre* sollte die Schlaghand ebenfalls immer die linke Hand sein. Schnelle und komplizierte Rhythmen können wesentlich einfacher mit der dominanten Hand entwickelt werden, während das Greifen der Töne den eher technischen, übungsabhängigen Teil des Musikstücks darstellt. Gitarren können relativ leicht vom Gitarrenbauer umgebaut bzw. hergestellt werden.

Bei linkshändig gespielten *Geigen* hält die dominante Hand den Bogen. Auch im Fall der Geige gibt es entsprechend gebaute Instrumente, auch leihweise.

Ganz allgemein ist natürlich sehr wichtig, dass der Musikpädagoge bereit ist, den Schüler am umgestellten Instrument anzuleiten. Das erste deutsche Symposium für Linkshändigkeit und Musik, das 2005 von der Landesmusikakademie Hamburg veranstaltet wurde, setzte ein Zeichen für mehr Offenheit gegenüber linkshändigem Musizieren.

Der Musikpädagoge muss bereit sein.

Walter Mengeler (2010): Musizieren mit links. Linkshändiges Instrumentalspiel in Theorie und Praxis. Schott Music, Mainz

Computer – Das machen wir mit links!

Die ersten Erfahrungen an einem Computer machen viele Kinder schon früh. Da zu diesem Zeitpunkt die feinmotorische Entwicklung noch nicht abgeschlossen ist, wird sie durch den linkshändigen Umgang mit der Computermaus zusätzlich unterstützt.

Mit links schon am Lerncomputer

Manche Kinder bekommen schon ab dem dritten Lebensjahr einen eigenen Lerncomputer. Achten Sie darauf, dass die dazugehörige Computermaus linksseitig platzierbar und die Tastenbelegung anzupassen ist. Später wird der Computer meist gemeinsam mit rechtshändigen Familienangehörigen oder Mitschülern benutzt. Die Maus sollte dann symmetrisch gebaut sein und nicht formoptimiert für die rechte oder linke Hand. Wenn es keine schnurlose Maus, sondern eine verkabelte Ausführung ist, achten Sie auf ein ausreichend langes Kabel, damit die Maus der Händigkeit entsprechend entweder rechtsseitig oder linksseitig von der Tastatur platziert werden kann. Das ist besonders in Schulen wichtig, wenn die Kinder in Kleingruppen am Computer arbeiten. Sind Einzelplätze vorgesehen, kann man ohne großen Aufwand Plätze für Linkshänder einrichten.

Um in der Familie die Tastenbelegung der Maus nicht immer wieder im Steuerungsprogramm ändern zu müssen, ist es für diesen Fall sinnvoll, über die Systemsteuerung des Rechners verschiedene Benutzer zu definieren und dabei die Händigkeit zu berücksichtigen. Dadurch kann man schon frühzeitig Überlastungssymptomen wie Sehnenscheidenentzündung oder Verspannungen vorbeugen, wie sie später beim stundenlangen Arbeiten mit rechts vorkommen können. Für Linkshänder ist natürlich eine Maus ideal, die an die ergonomischen Erfordernisse der linken Hand angepasst ist. Für ein maxi-

Die symmetrische Maus ist ein Kompromiss an die Ergonomie.

mal entspanntes Arbeiten am eigenen Computer sollte man darauf Rücksicht nehmen.

Tastaturen mit externem Nummernblock, den man je nach Bedarf links- oder rechtsseitig platzieren kann, gibt es im gut sortierten Computerfachhandel, ebenso ergonomische Spezialmäuse für dynamische Spiele mit der linken Hand. Tastaturen mit linksseitigem Nummernblock sind über den Linkshänder-Versandhandel erhältlich.

Wo die Geschwindigkeit zählt, braucht man die dominante Hand.

Malen, Basteln, Werken

Der Mal- oder Schreibtisch des linkshändigen Kindes ist spiegelbildlich zum Tisch eines Rechtshänders aufgebaut, linksseitig angebrachte Schubladen sind ideal. Die Vorteile bestehen darin, dass das Kind sie mit seiner dominanten Hand bedienen kann und auf der linken Tischseite mehr Ablagefläche entsteht, wenn das Kind weiter rechts vom Tischmittelpunkt sitzt. Es gibt verschiedene Hersteller, die variable Schreibtischsysteme anbieten.

Die ergonomische Anordnung ist spiegelbildlich zum Gewohnten.

Stifte, Schere und andere Gegenstände sollten mit der linken Hand gut erreichbar sein und der Lichteinfall von rechts beleuchtet die Arbeitsfläche optimal. Als Voraussetzung für eine spätere gute Schreibhaltung sollte schon das etwa vierjährige Kind den Stift im *Dreipunktgriff* halten können (*siehe nächster Abschnitt zum entspannten Schreiben*). Hat es große Schwierigkeiten damit, könnte dies auf ein allgemeines Problem der Feinmotorik hinweisen, was beim Kinderarzt angesprochen werden

Stifte links, Licht von rechts.

sollte. Dies kann linkshändige und rechtshändige Kinder gleichermaßen betreffen. Sehr empfehlenswert sind besonders in diesen Fällen dicke Buntstifte mit dreieckigem Querschnitt, die jeweils eine Seite für Daumen, Zeigefinger und Mittelfinger vorsehen, oder Stifte mit ausgeprägten Griffmulden für die drei Finger. Weiterhin kann man vorübergehend zu so genannten *Schreibhilfen* greifen, die das Kind in angenehmer Weise an die Stifthaltung gewöhnen. Die weichen Stifthalter verstärken den Effekt dreieckiger Stifte.

Der Stifthalter soll angenehm sein.

Sie sind meist im Schreibwarenhandel oder großen Drogeriemärkten erhältlich, ansonsten über den Versandhandel (*Adressen im Anhang*).

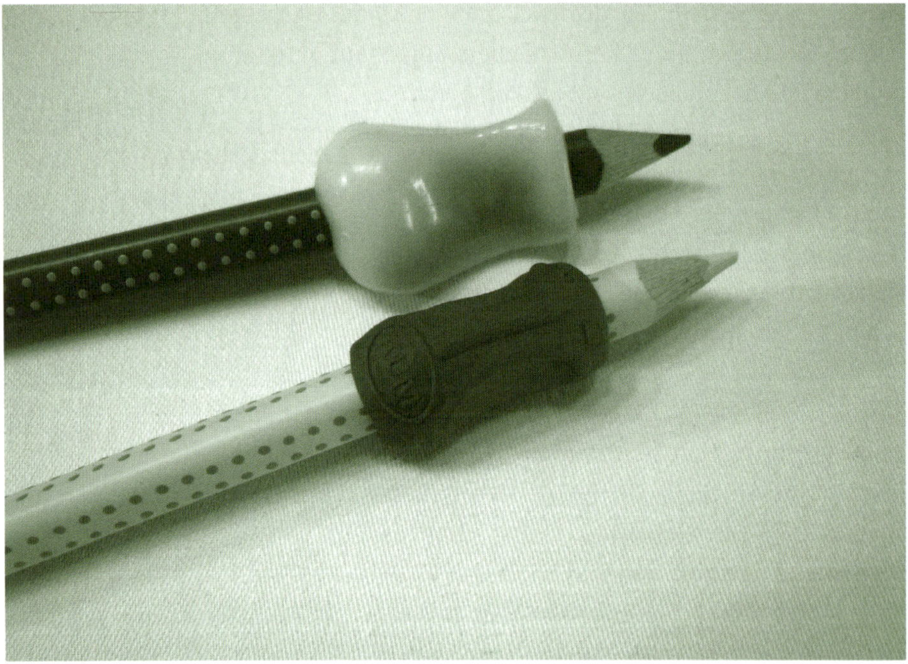

▲ Abb.10: *Beispiel für weiche Schreibhilfen: The Pencil Grip und Sattler Grip von KUM*

Ein Kriterium, für den Arbeitsplatz im Kindergarten, ist die Bewegungsfreiheit des linken Arms beim Malen, Schneiden und Werken. Nicht erst in der Schule sollen unnötige Behinderungen vermieden werden. Arbeitet ein rechtshändiges Kind links vom Linkshänder und sich die Ellenbogen der werkenden Arme immer wieder in der Mitte treffen, ist das ungünstig für beide. Grundsätzlich führen Linkshänder viele Tätigkeiten spiegelbildlich und von der für Rechtshänder ungewohnten Seite aus.

Links muss immer genug Platz sein.

Rechtshändige Eltern und Erzieher haben deshalb oft Schwierigkeiten beim Versuch, einem linkshändigen Kind durch Führen der linken Hand eine neue Fertigkeit zu vermitteln. Viele Linkshänder können mit der rechten Hand demonstrierte Bewegungsabläufe in ihrer Vorstellung im Raum drehen, kippen oder spiegeln und auf diese Weise problemlos mit links nachmachen. Anderen fällt es leichter, wenn die rechtshändige Person dabei gegenüber sitzt. Gerade bei Papierfaltarbeiten und den ersten Webversuchen mit Papierstreifen ist dies zu empfehlen.

Sitzt man sich gegenüber, ist es leichter zu verstehen.

Beispiel

Beim Drehen einer Wollkordel *mit Hilfe eines Stifts führt der gespiegelte Bewegungsablauf des Linkshänders dazu, dass sich das normalerweise in sich rechtsgedrehte Garn aufdreht. Um dies zu vermeiden, muss der Linkshänder beim Drehen den Stift zum Körper hin, der Rechtshänder ihn vom Körper weg drehen.*

Bei komplizierten gezeichneten oder fotografierten Schritt-für-Schritt-Anleitungen erweist es sich manchmal als sehr nützlich, die Vorlage für Rechtshänder auf eine Folie zu kopieren, die Folie umzudrehen und nochmals zu kopieren, damit ein gespiegeltes Bild als Vorlage für einen Linkshänder entsteht. Die Spiegelung kann ebenso mit vielen bildbearbeitenden Computerprogrammen durchgeführt werden, wenn die Vorlage zuvor mit Hilfe eines Scanners im Computer gespeichert wird. **Damit stimmt zwar der zugehörige Text noch nicht, aber der Linkshänder hat wenigstens seine Version des gezeichneten Arbeitsablaufs direkt vor Augen.**

Anleitungen können gespiegelt werden.

Manchen Kindern bereitet es Probleme, zu lernen, wie man eine Schleife bindet. Klettverschlüsse können vorläufig sehr nützlich sein. Spätestens zur Einschulung wird jedoch allgemein erwartet, dass ein Kind ohne Hilfe mit Schnürsenkeln zurechtkommt. In vielen Fällen reicht es aus, ihm einen anderen Bewegungsablauf beim Binden zu zeigen. Die Alternative wird oft wesentlich besser nachvollzogen, und das Kind lernt überraschend schnell.

Beispiel

Anleitung im Werkunterricht

Damit optimales Arbeiten möglich ist, ist der Schraubstock linksseitig montiert, die Raspel oder Feile wird mit der linken Hand gehalten, die rechte Hand unterstützt den Druck am anderen Ende des Werkzeugs. Beim Laubsägen wird das Werkstück in der rechten Hand gehalten, die Säge mit der linken geführt. Feinsägen gibt es mit umlegbarem Griff und gekröpfte Modelle können durch einfaches Lösen einer Schraube vom Rechts- auf Linkshandbetrieb umgestellt werden. Bei Arbeiten mit dünnen Metallblechen müssen Blechscheren für Linkshänder bereitstehen.

Man geht davon aus, dass die Variante auf der linken Seite der Abbildung einem Linkshänder eher entspricht.

Der genaue Ablauf zweier Möglichkeiten des Schleifebindens ist im Anhang dargestellt.

Auch im Werkunterricht in der Schule müssen linkshändige Kinder in manchen Bereichen anders angeleitet werden.

Schreiben – entspannt und ohne die Tinte zu verwischen

Unzählige Linkshänder wurden umgeschult – nur aufgrund der Annahme, sie könnten unmöglich problemlos mit der linken Hand schreiben lernen. Verschmierte Hefte, eine verkrampfte Schreibhaltung und ein schlechtes Schriftbild werden auch heute noch mit dem Begriff der Linkshändigkeit verbunden.

Wieso haben viele Linkshänder Probleme beim Schreiben?

Beim Schreibenlernen unserer rechtsläufigen Schrift ergibt sich eine Schwierigkeit, die rechtshändige Kinder nicht haben: Orientiert sich der linkshändige Erstklässler bezüglich der Lage seines Heftes und seiner Schreibhaltung am rechtshändigen Lehrer oder den rechtshändigen Kameraden, wischt er mit dem Handrücken über das eben Geschriebene. Dies fällt lange Zeit nicht auf, da die meisten Lehrpläne der ersten Klasse zum Schreibenlernen die Verwendung von Bleistiften oder Buntstiften empfehlen.

Zu spät wird deutlich, dass man früher hätte handeln müssen.

Wird der Füller dann etwa in der zweiten Klasse eingeführt, ist der Schreck groß, wenn die Schrift komplett verwischt wird und die Tinte sich an der Handkante wiederfindet. Dies markiert den Zeitpunkt, an dem die Schüler verschiedene Tricks ausprobieren, die zwar das Verwischen der Schrift verhindern, aber zu unergonomischen Schreibhaltungen führen können. Die gebräuchlichste Version ist die Hakenhaltung: die Schreibhand wird durch Krümmung des Handgelenks über das Geschriebene gebracht.

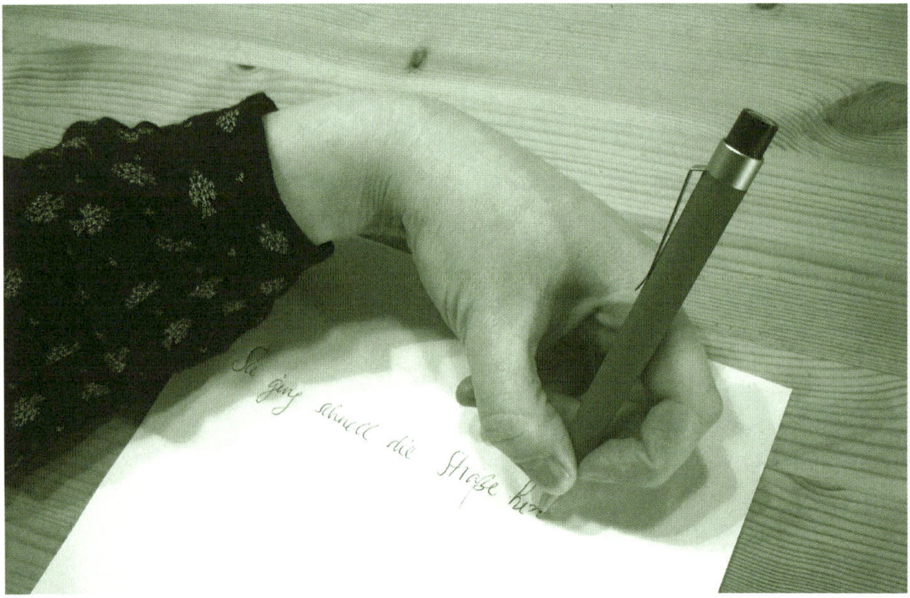

▲ **Abb. 11:** *Hakenhaltung „von oben"*

Wenn in höheren Klassen ein gesteigertes Schreibtempo gefordert wird und wesentlich mehr geschrieben werden muss, führt diese Haltung oft zur Überbeanspruchung des Handgelenks und zu Verkrampfungen der entsprechenden Muskelgruppen. Langfristig können sich auch Verspannungen im Schulter- / Nackenbereich aufbauen und zu weiteren sekundären Problemen führen. Bemühungen, die Handhaltung in der zweiten Klasse noch zu korrigieren, schlagen meist fehl, da die ungünstige Schreibhaltung bereits automatisiert ist.

Diese Erfahrung kann man den Kindern ersparen, wenn von Beginn an einige **Regeln für die Schreibhaltung** eingehalten werden. Auf die Bedeutung der Stifthaltung wurde bereits hingewiesen. Sehr sinnvoll kann die Einübung der Schreibhaltung einige Monate vor Schulbeginn sein. Um dem Schreiblernprozess nicht vorzugreifen, werden dazu Schwungübungen gemacht. Erwünschter Nebeneffekt ist, dass die Kinder gleichzeitig an die Schreibrichtung gewöhnt werden (Sattler 2013a). Die Einübung der speziellen Lage des Heftes und der entsprechenden Haltung sollte in der Schule und zu Hause von den Eltern längere Zeit weiter beaufsichtigt und unterstützt werden.

Es gibt eine einfache Lösung, die Probleme zu verhindern.

Es braucht Zeit, bis die Schreibhaltung verinnerlicht wird.

Es reicht nicht aus, den Kindern die empfehlenswerte Haltung einmal zu zeigen. Erfahrungsgemäß brauchen sie unterschiedlich lange Zeit, bis die günstige Schreibhaltung spontan richtig eingenommen und auch beim Schreiben beibehalten wird. Manchmal genügt die Anleitung über mehrere Wochen, nicht selten braucht das Kind aber mehrere Monate **Unterstützung**. Fehlt ihm das Verständnis für die oft als unangenehm empfundene Überwachung beim Schreiben, kann man es ab und zu probeweise mit einem Füller oder Tintenroller schreiben lassen. Schnell merkt es dann selbst, welcher Sinn hinter der Einübung der Schreibhaltung steht.

Nicht nur aus gesundheitlichen Gründen ist die gemeinschaftliche Bemühung von Eltern und Pädagogen um eine gute Schreibhaltung des Kindes wichtig. Sie schafft die Voraussetzung für schnelles und problemloses Schreiben mit allen erdenklichen Schreibwerkzeugen vom Füller oder Tintenroller bis hin zur Kalligrafiefeder. Bei der Neufassung des Lehrplans für bayerische Grundschulen im Jahr 2001 wird in für Deutschland bisher einmali-

Eltern und Pädagogen arbeiten für das Kind zusammen.

ger Form ausdrücklich und detailliert auf die Schreibhaltung linkshändiger Kinder eingegangen. Auch im Kommentar zum österreichischen Lehrplan sind in die allgemeinen Passagen zur gesunden Körper- und Handhaltung beim Schreiben auch ausführliche Informationen zum Umgang mit linkshändigen Kindern integriert (Boyer 1990, 295f) – Beispiele, die hoffentlich bald auch in den anderen Lehrplänen Schule machen werden.

Hinweise zu Mal- und Schreibwerkzeug

Zum Malen sind alle Buntstifte geeignet, die Vorteile des dreieckigen Querschnitts wurden schon erwähnt.

Mit guter Stifthaltung braucht es keine besonderen Stifte.

Für Kinder im Vorschulalter sind dicke Buntstifte besser geeignet als dünne. Auch Bleistifte werden inzwischen schon in dieser Form angeboten und von vielen Pädagogen gerne im Erstschreibunterricht verwendet. Da Linkshänder anfangs in einer eher schiebenden Bewegung schreiben, ist die Verwendung von weichen Stiften wichtig, die den Kraftaufwand gering halten.

Filzstifte sind anfangs ungünstig.

Filzstifte sind beim linkshändigen Schreibenlernen ungünstig, da die erwähnte schiebende Bewegung, anfangs oft mit viel Druck ausgeführt, die Stiftspitze sehr beansprucht und innerhalb kurzer Zeit unbrauchbar macht. Besonders schnell stellt sich dieser Effekt bei Finelinern mit besonders dünner Spitze ein. Eine Alternative dazu sind Filzstifte, deren Spitze durch eine Metallhülse verstärkt wird. Auf Füller für Linkshänder wurde bereits ausführlich im Kapitel über Gebrauchsgegenstände eingegangen.

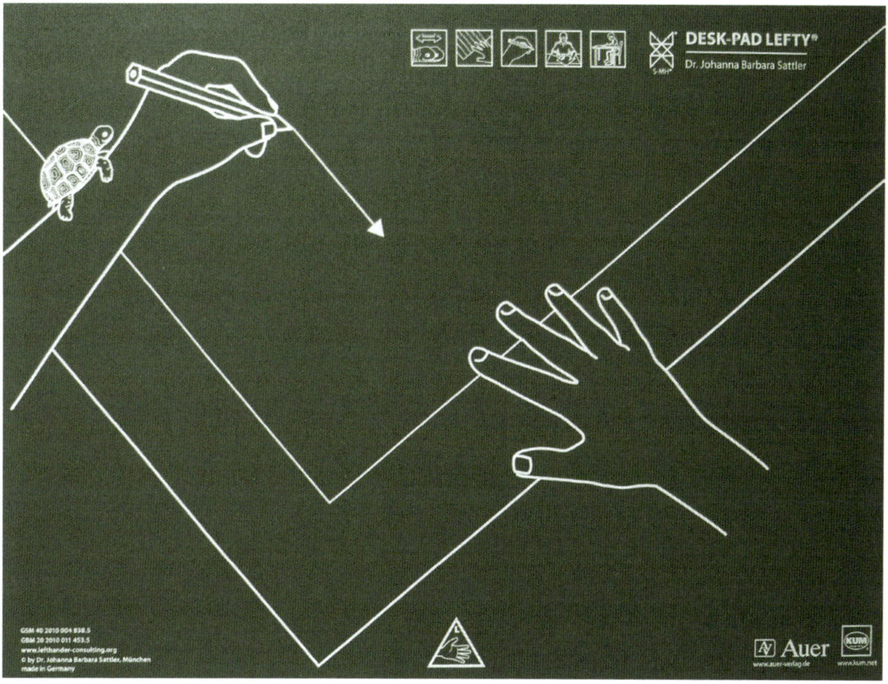

Abb. 12: *Schreibunterlage Desk-Pad-Lefty mit markiertem Blattneigungswinkel (Sattler 2011)*

Abb. 13: *günstige Stifthaltung*

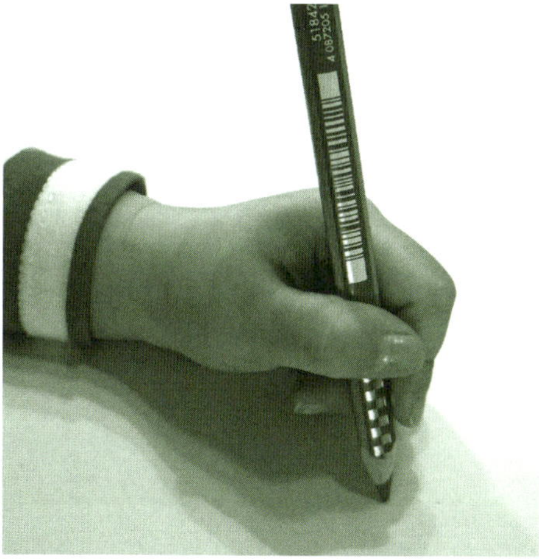

Abb. 14: *steile Stifthaltung*

Die empfehlenswerte Schreibhaltung für Linkshänder

Der Linkshänder schreibt von unten, d.h. zu jeder Zeit sind alle Finger der Schreibhand unterhalb des Geschriebenen.

Dies gelingt, wenn das Blatt um bis zu 50 Grad im Uhrzeigersinn gedreht wird, so dass die rechte obere Ecke tiefer liegt als die linke. Der Neigungwinkel kann variieren, solange die Hand unterhalb des Geschriebenen bleibt und das Kind dabei automatisch gerade sitzt

▲ **Abb. 15:** *Blattlage links von der Körpermitte (abgebildete Nachspurübungen, siehe Sattler 2013a)*

Ein vollständiges Kippen des Blattes um 90 Grad sollte man vermeiden. Um es den Kindern leichter zu machen, gibt es verschiedene käufliche Schreibunterlagen für Linkshänder, bei denen ein Winkel markiert ist (*siehe Abb. 12*)

Linkshänder schreiben bergab, Rechtshänder bergauf.

Beim Schreiben sollte das Ende des Stifts möglichst nicht zu steil nach oben zeigen, sonst verschwindet das gerade geschriebene Wort unter der Schreibhand. Das Blatt liegt links von der Körpermitte und wird von der rechten Hand am Rand leicht festgehalten, damit es nicht verrutscht.

Hinweise zur gesunden Körperhaltung beim Schreiben

Nicht zuletzt ist das auf die kindlichen Proportionen abgestimmte Sitzmöbel entscheidend für entspanntes Schreiben. Im Idealfall liegen die Oberschenkel waagrecht auf der Sitzfläche auf, und beide Füße werden normal auf den Boden aufgesetzt. Sitzt das Kind aufrecht, stützt die Stuhllehne den Rücken. Der Schreibtisch sollte leicht zum Kind geneigt und so hoch sein, dass die Unterarme bequem auf der Tischfläche aufliegen.

Spiegelschrift

Das spontane Schreiben von rechts nach links fällt besonders auf.

Beim Schreiben ihres Namens neigen linkshändige Vorschulkinder dazu, Buchstaben und ganze Worte in unterschiedliche Richtungen zu spiegeln und von rechts nach links zu schreiben. Manchmal fällt auch bei Schuleignungstests auf, dass sie keinen Unterschied zwischen einem Bild und seinem Spiegelbild erkennen.

Auch rechtshändige Kinder verdrehen ab und zu Buchstaben, doch selten so ausgeprägt und lange wie manche Linkshänder. Die Ursachen für dieses Phänomen sind nicht vollständig geklärt.

Bei Linkshändern findet man häufig die spontane Blick- bzw. visuelle Wahrnehmungsrichtung von rechts nach links. Man nimmt an, dass dies mit der Neigung zur Spiegelschrift verknüpft sein könnte. Weiter bestehen Parallelen zwischen der Entwicklung der Raum Lage-Orientierung und dem Kippen von gemalten Bildern sowie dem Verdrehen einzelner Buchstaben. Wahrscheinlich besteht ein Zusammenhang zwischen ausgeprägter Spiegelschrift und einer erhöhten Fähigkeit der Raumwahrnehmung (Sattler 2010, 41). Im Vorschulalter deshalb auf die Neigung zu einer Lese-Rechtschreib-Schwäche zu schließen, ist nicht angebracht. Das Spiegeln von Buchstaben oder einzelnen Zahlen sollte vor dem Schreiblernprozess hingenommen werden. Diese Phase wird im Laufe des ersten Schuljahres meist schnell überwunden.

Linkshänder nehmen auch meist von rechts nach links wahr.

Abb. 16: *Beispiele für Spiegelschrift*

Schreibrichtung der Buchstaben

Häufig schreiben linkshändige Kinder beim Erlernen der Druckschrift Buchstaben lieber von rechts nach links. So kommt es, dass die Richtung des Wortes zwar korrekt ist, aber die einzelnen Buchstaben rückwärts geschrieben werden.

Lässt man das Kind gewähren, ändert es während des Schreibens ständig die Richtung und übt falsche Bewegungsabläufe ein, die sich später beim Erlernen der Schreibschrift störend auswirken können.

Linkshänder sollen die Buchstaben möglichst nicht von hinten schreiben.

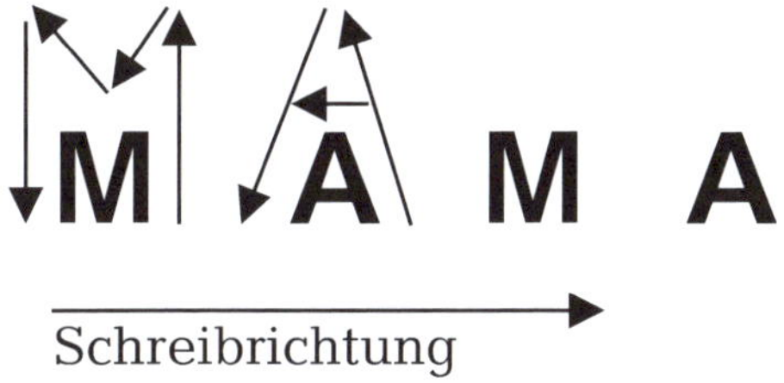

Abb. 17: *Ungünstige Schreibweise der Buchstaben*

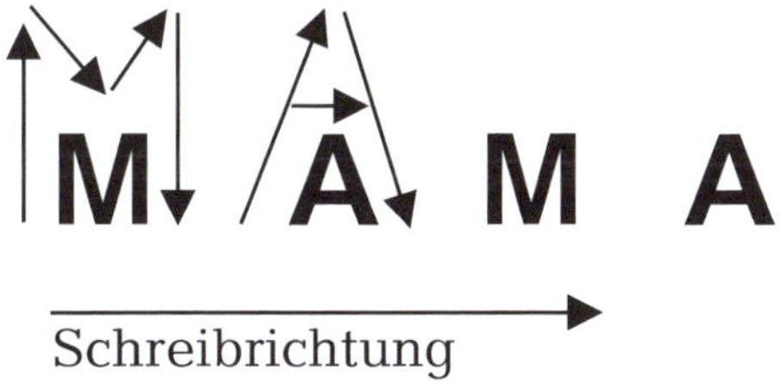

Abb. 18: *Beispiel einer empfehlenswerten Schreibweise der Buchstaben*

Abb. 19: *Schriftneigung*

Schriftlage und Schriftbild

Schreiben Linkshänder in der empfohlenen Schreibhaltung, wird die Schrift manchmal steil bis leicht nach links geneigt.

Die des Öfteren geforderte Rechtsneigung der Schrift entspricht dem natürlichen Bewegungsablauf des Rechtshänders. Werden Linkshänder zu einer stark rechtsgeneigten Schrift angehalten, können einzelne Buchstaben „umkippen“, das heißt, sie neigen zu sehr nach rechts. Dies betrifft alle langgestreckten Buchstaben der Schreibschrift wie z. B. das kleine l oder t. Es wäre deshalb zu begrüßen, wenn die Rechtsneigung bei der Bewertung der Schrift an Bedeutung verlieren würde.

Die Rechtsneigung der Schrift entspricht rechtshändigem Schreiben.

Schreiblehrgänge

Übungsblätter und Schreiblehrgänge, die nur am linken Blattrand Buchstaben oder Worte vorgeschrieben haben, sind für linkshändige Kinder schwierig zu bearbeiten. Schreibt das Kind in der empfehlenswerten Haltung, verdeckt es das Musterwort. Um nachzusehen, wie das Wort korrekt geschrieben wird, muss es die Schreibhand immer wieder vom Blatt nehmen.

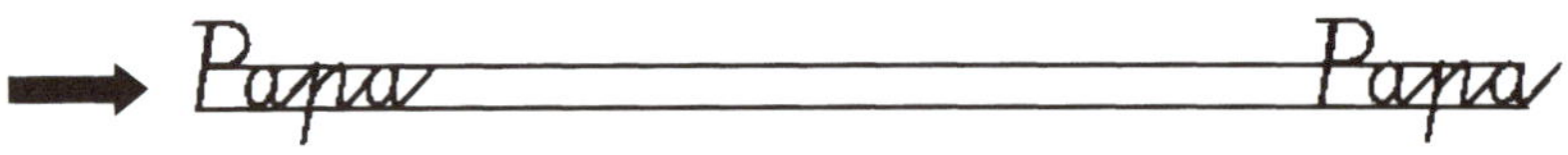

Abb. 20: *Besonderheiten beim Schreiblehrgang*

Dem kann man Abhilfe schaffen, indem das Wort zusätzlich auf der rechten Seite vorgeschrieben wird. Der Pfeil markiert die Schreibrichtung.

Wenn das Wort nur links steht, ist das sehr ungünstig.

Seit Herbst 2001 gibt es Schreiblehrgänge für Linkshänder, die das Musterwort auf der rechten Seite angeben (z.B. *Der Auer Schreiblehrgang – vereinfachte Ausgangsschrift, Ausgabe für Linkshänder*). Damit in einer Klasse äußerlich gleiche Schreiblehrgänge verwendet werden können, gibt es die entsprechende Version für rechtshändige Kinder, die in der gewohnten Weise aufgebaut ist.

Tipps zum Lesenlernen

Die bevorzugte Wahrnehmungsrichtung linkshändiger Kinder verläuft von rechts nach links – entgegen unserer gewohnten Leserichtung. Es kann deshalb vorkommen, dass ein Kind zu Beginn des Leselernprozesses immer wieder versucht, auf der rechten Blattseite zu beginnen.

Lesen von rechts nach links kommt vor.

Dies ist nicht als visuelle Störung zu bewerten, sondern stellt eine normale Erscheinung dar, die bei ungestörter Entwicklung des linkshändigen Kindes ebenso verschwindet wie die Spiegelschrift. Möchte man im Vorschulalter schon dazu beitragen, das Kind an die Leserichtung zu gewöhnen, kann man Bücher vorlesen, in deren Text kleine Bildchen eingebaut sind. Diese Bildchen soll das Kind beim Vorlesen benennen. Folgt der Erwachsene dem Text mit dem Finger, werden die Augen des Kindes automatisch der Leserichtung folgen.

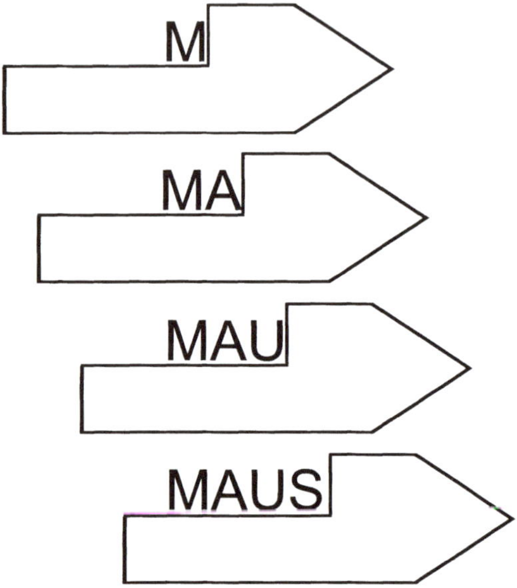

Abb. 21: *Wortaufbau beim Lesen mit Lesepfeil*

Viele Pädagogen fertigen mit ihren Erstklässlern so genannte *Lesepfeile* an, die den Augen helfen, nicht in der Zeile zu verrutschen, und gleichzeitig die Richtung vorgeben. Ist der Leselernprozess abgeschlossen, haben sich die Kinder an die Leserichtung gewöhnt und linkshändige Kinder lesen genauso sicher und schnell wie ihre rechtshändigen Kameraden.

Lesepfeile sind dann sehr nützlich.

Bewegungserziehung und Sport

Manche Kinder scheinen beim Einüben von Schrittfolgen, besonders in Verbindung mit Drehungen des ganzen Körpers, im Vergleich zu den anderen Kindern ungewöhnlich viel Zeit zu benötigen, um sich die Kombination zu merken. Dazu gehören diejenigen, die spontan ihren linken Fuß bevorzugen und lieber die gegenläufige Bewegung zur häufigeren Drehung gegen den Uhrzeigersinn durchführen würden.

Viele normierte Bewegungsabläufe gehen diesen Kindern buchstäblich „gegen den Strich“ (Sattler 2010, 65), so dass sich Koordinationsprobleme einstellen. Lässt man die Kinder versuchsweise mit dem linken Fuß beginnen und sich im Uhrzeigersinn drehen, gelingt der Bewegungsablauf oft erstaunlich gut.

Normierte Schrittfolgen lernen nur Rechtsfüßer leicht.

Beispiel

Beim Sport sind Linksfüßer schon lange bekannt

Die Bevorzugung des linken Fußes spielt bei der Wahl des Absprungbeins bei Weitsprung und Wettlauf eine entscheidende Rolle und kann beim Fußballspielen beobachtet werden. Händigkeit und Füßigkeit haben Einfluss auf Elemente der Leichtathletik, des Geräteturnens und auf Wurftechniken bei Ballsportarten.

Die Auswirkungen der Drehseitigkeit machen sich bei allen Sportarten bemerkbar, die Ganzkörperdrehungen beinhalten sowie beim Laufen von Kurven (z.B. Kugelstoßen, Diskuswerfen, Hochsprung, Kunstturnen, Eiskunstlauf).

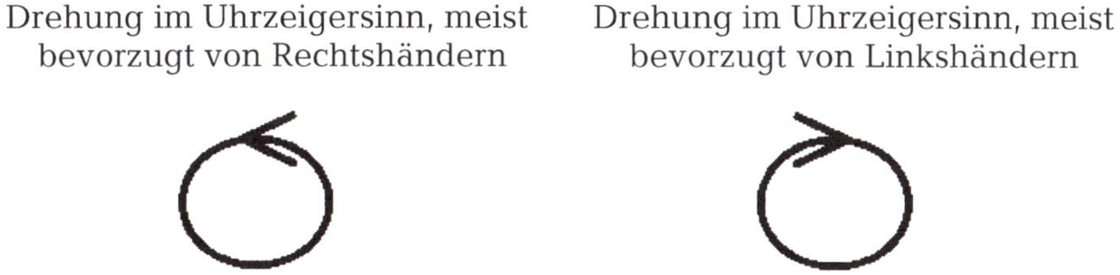

Abb. 22: *Drehseitigkeit*

Die dargestellten Aspekte der Drehseitigkeit sollten beim Sport dazu anregen, den Kindern verschiedene Varianten eines Bewegungsablaufes vorzustellen. Dann kann erprobt werden, welche Bewegungsrichtung den individuellen Anlagen am besten entspricht. Nur so entwickelt das Kind langfristig Freude an sportlicher Betätigung und kann gute Leistungen erbringen.

Sticken, Häkeln, Stricken andersherum

Heute erwachsene Linkshänder berichten in aller Regel von schmerzlichen und frustrierenden Erfahrungen im Fach Handarbeit. Das Gefühl, ungeschickt zu sein, wurde vertieft und der Zugang zum kreativen Hobby frühzeitig blockiert. Wie man linkshändige Kinder adäquat anleitet, erfuhren Fachlehrer damals weder in der Ausbildung noch bei Fortbildungsveranstaltungen, zudem fehlten erläuternde Materialien. Wie problemlos heutzutage die Anleitung linkshändiger Kinder in den Unterricht integriert werden kann, beweist die Arbeit vieler Fachlehrerinnen, die dies schon seit vielen Jahren erfolgreich praktizieren.

Auch im Internet gibt es Anleitung.

Erfreulicherweise gibt es für interessierte Eltern im Internet sehr schöne Lernvideos dazu (www.youtube.com).

Die Arbeitsrichtung beim Handarbeiten mit links verläuft generell entgegengesetzt zu der des Rechtshänders. Sticknadel, Häkelnadel und die führende Stricknadel werden dazu in der linken Hand gehalten. Beim Sticken reicht es oft aus, wenn der rechtshändige Lehrer dem Kind gegenübersitzt, schwieriger ist die Umsetzung beim Häkeln oder Stricken. Die wichtigsten Abläufe sind deshalb im Anhang dargestellt.

Änderung einer Schritt-für-Schritt-Anleitung für Linkshänder

Man kann die Bilder für die linkshändigen Kinder auch in der bereits erwähnten Weise spiegeln. Manche Kopiergeräte verfügen über eine solche Funktion, die Spiegelung vom gescannten Bild kann aber auch mit bildbearbeitenden Computerprogrammen durchgeführt werden (z.B. mit Hilfe des Befehls „horizontal kippen"). Alternativ kann man sich folgendermaßen helfen: die Vorlage wird auf eine Folie kopiert, die Folie umgedreht und nochmals kopiert. Dann muss nur noch der Text passend gemacht werden.

Typisch Linkshänder?

Sind Linkshänder anders als Rechtshänder? Wenn ja, worin unterscheiden sie sich? Haben Linkshänder bestimmte Schwächen? Um nicht wieder in die alte Spur der Vorurteile abzugleiten, ist bei den Antworten auf diese Fragen Vorsicht geboten.

9

Linkshändigkeit und Lese-Rechtschreib-Schwäche?

Viele Kindergartenkinder bemühen sich frühzeitig, ihre Zeichnungen und Malereien mit ihrem Namen zu versehen. Es gehört zu den typischen Eigenarten linkshändiger Vorschulkinder, dabei am rechten Blattrand zu beginnen und den Namen zum Teil oder vollständig zu spiegeln. Da das Verdrehen von Buchstaben auch zum Symptomkreis einer Lese-Rechtschreib-Schwäche gehört, befürchten manche Eltern, dass sich daraus eine Legasthenie entwickeln könnte. **Die Spiegelschrift im Vorschulalter ist jedoch ein völlig unbedenkliches Phänomen, das mit den umgekehrten Wahrnehmungsmustern des Linkshänders zusammenhängt.** Bestätigt wird dies dadurch, dass die Spiegelungen im Laufe des ersten Schuljahres meist von selbst verschwinden.

Gibt es einen ursächlichen Zusammenhang zwischen Linkshändigkeit und Legasthenie?

Ein ursächlicher Zusammenhang zwischen Linkshändigkeit und **Legasthenie** bzw. **Lese-Rechtschreib-Schwierigkeiten**, wie er in älterer Literatur öfter behauptet wird, besteht nach unserem heutigen Wissensstand nicht (Sattler 2001b, 200). Bereits 1985 wurde im Rahmen des Zweiten Europäischen Symposiums über Entwicklungsneurologie festgestellt, dass Linkshändigkeit für Lernstörungen jeder Art nicht kausal verantwortlich ist (Gutezeit 1986, 352). Die Teilleistungs- bzw. Wahrnehmungsstörungen, die zur Entwicklung einer Lese-Rechtschreib-Schwäche führen, können bei Linkshändern selbstverständlich auch vorkommen – ebenso wie bei Rechtshändern. Die Ursache der Legasthenie ist jedoch die Teilleistungsstörung und nicht die Händigkeit des Kindes. **Unumstritten ist allerdings der Zusammenhang zwischen umgeschulter Linkshändigkeit und Problemen beim Lesen und Schreiben.** Die betroffenen Kinder leiden oft unter Auffälligkeiten, die an eine Lese-Rechtschreib-Schwäche erinnern. Sie verdrehen Buchstaben und Zahlen, Flüchtigkeitsfehler häufen sich, und das laute Lesen macht unerwartete Schwierigkeiten. Allerdings reicht die Problematik meist nicht, um nach den gängigen Legasthenietests als echter Legastheniker anerkannt zu werden und Erleichterungen im Schulalltag zu erhalten. Kommen bei einem linkshändigen Kind zu einer legasthenen Veranlagung die zerebralen Belastungen einer Umschulung hinzu, können sich die Probleme dadurch massiv verschlimmern. Bei diesen Kindern fällt oft schon im Kindergarten auf, dass sie Zeichen einer Raum-Lage-Labilität aufweisen, die mit einer entsprechenden Disposition in Verbindung stehen: z.B. ausgeprägte Orientierungsprobleme, anhaltende Schwierigkeiten bei der Unterscheidung von rechts und links und beim Erlernen des Bindens einer Schleife.

Die beste Vorsorge gegen Probleme beim Lesen und Schreiben ist das Schreibenlernen mit der dominanten Hand – daran zweifelt heutzutage niemand mehr.

Linkshändigkeit in der Persönlichkeitspsychologie – eine neue Schublade?

Was bestimmt die Persönlichkeit eines Menschen? Bücher dazu füllen ganze Regale unserer Bibliotheken und Erklärungsansätze über den Ursprung unserer Charaktereigenschaften kommen aus den unterschiedlichsten Fachbereichen.

In der Persönlichkeitspsychologie kennt man diverse Theorien, die nicht nur Psychologen in verschiedene Lager spalten und reichlich Stoff zur Diskussion liefern.

Fragen: Wird unser Charakter vorwiegend durch unsere Gene bestimmt oder vor allem auch durch die Erziehung geprägt? In welchem Maß bestimmt die Geschlechtszugehörigkeit unser Verhalten und wie stark ist der Einfluss der Geschwisterkonstellation, in die ein Mensch geboren wird?

Die vorsichtig formulierten wissenschaftlich begründeten Diskussionsbeiträge werden in manchen populären Darstellungen häufig von Mutmaßungen überlagert.

Dies ist immer dann problematisch, wenn es beim Versuch, die komplizierten Zusammenhänge zu vereinfachen, zur Typisierung kommt. Die Bildung von Kategorien darf jedoch nur als „Krücke" verstanden werden, die es uns erlaubt, verständlicher zu formulieren. Sie darf uns niemals glauben machen, dass wir die Persönlichkeit eines Menschen darauf reduzieren könnten (z. B. Feststellungen wie „typisch Mann" oder „typisch Frau", die häufigste geschlechtsspezifische Typisierung).

Ein weiteres Beispiel für Typisierungen ist die Deutung der Tierkreiszeichen in Bezug auf Persönlichkeitsstrukturen von Menschen.

Kinder glauben und übernehmen Zuweisungen.

Seit einiger Zeit kennen wir zwei neue Schubladen, in die besonders gerne Schulkinder gesteckt werden: die so genannten „Linkshemisphäriker" und die „Rechtshemisphäriker". Es soll Menschen geben, die vorwiegend mit der linken Gehirnhälfte denken und lernen, und andere, die dies mit der rechten tun. Mit Begeisterung wurden die neuen Erkenntnisse über die Gehirnhemisphären und den dazu passenden Menschentypen von den Medien aufgenommen, weitergesponnen und der Einfachheit halber auch gleich auf Rechts- und Linkshänder übertragen. Da bei Rechtshändern bekanntermaßen Bereiche des motorischen Zentrums der linken Gehirnhälfte dominant sind, wurden sie kurzerhand zu „Linkshemisphärikern“ erklärt: Kühl analysierende Kopfmenschen mit sprachlicher Begabung, deren geradliniges Leben vorwiegend von den Gesetzen der Logik bestimmt wird. Linkshänder dagegen seien „Rechtshemisphäriker“: Gefühlsmenschen, musisch begabte Künstlertypen. Sie seien zwar sehr kreativ, hätten jedoch Probleme mit logischen Schlussfolgerungen und sprachlichen Äußerungen.

Solche Zerrbilder von Linkshändern verfestigen und untermauern alte Vorurteile. Auch wissenschaftlich fundierte Veröffentlichungen können dagegen oft wenig ausrichten.

Alte Vorurteile werden verfestigt.

Die Biopsychologin Jerre Levy, die sich mit der Erforschung des Gehirns befasst, äußerte sich dazu: Die Unterteilung in rechtshemisphärisch und linkshemisphärisch beruhe auf einer „Fehlinterpretation wissenschaftlicher Fakten“, die sich als „psychologischer Mythos“ festgesetzt habe (Levy 1986, 33). Unter gesunden Menschen gibt es folglich keine reinen „Rechtshemisphäriker“ oder „Linkshemisphäriker“, denn die Natur des Gehirns ist weitaus komplexer. Die Auswirkungen der Händigkeit auf unsere Persönlichkeit müssen wesentlich differenzierter betrachtet werden.

Johanna Barbara Sattler, approbierte Psychotherapeutin und Leiterin der „Ersten deutschen Beratungsstelle für Linkshänder und umgeschulte Linkshänder“, betreibt seit Mitte der 80er Jahre intensive Grundlagenforschung zum Thema Linkshändigkeit. Ihre Untersuchungen zur Persönlichkeitsstruktur von Linkshändern basieren auf langjährigen, in der Praxis gesammelten und statistisch überprüften Erfahrungswerten (Sattler 2012). Sie legen nahe, dass die Händigkeit eines Menschen seine Persönlichkeit prägen kann. Sattler wendet sich eindeutig gegen eine Typisierung von Rechts- und Linkshändern.

Die Geschichte der Linkshänder ist seit Menschengedenken von Vorurteilen geprägt. Linkshänder wurden stigmatisiert, abgelehnt und nicht selten in die Behindertenecke gedrängt. In jüngerer Zeit häufen sich Aussagen, die ihnen außergewöhnliche Begabungen zuweisen – vor allem mit dem Hinweis auf linkshändige Berühmtheiten.

Die Händigkeit ist ein Mosaikstein der Persönlichkeit.

Tipp

→ *Der Entwicklung und freien Entfaltung eines Kindes schaden Erwartungshaltungen des Umfeldes, gleichgültig ob es sich dabei um positive oder negative handelt. Lassen wir uns deshalb auf das Abenteuer ein, das Geheimnis der Persönlichkeit eines linkshändigen Kindes mit all seinen Stärken und Schwächen selbst zu entdecken.*

Serviceteil

Vorschläge zum Schleifebinden

Hilfestellung zum linkshändigen Häkeln, Stricken und Sticken

Adressen

Literatur

10

Vorschläge zum Schleifebinden

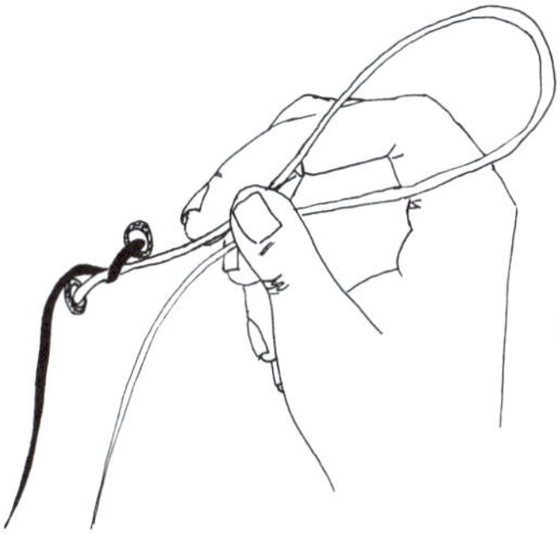

23a

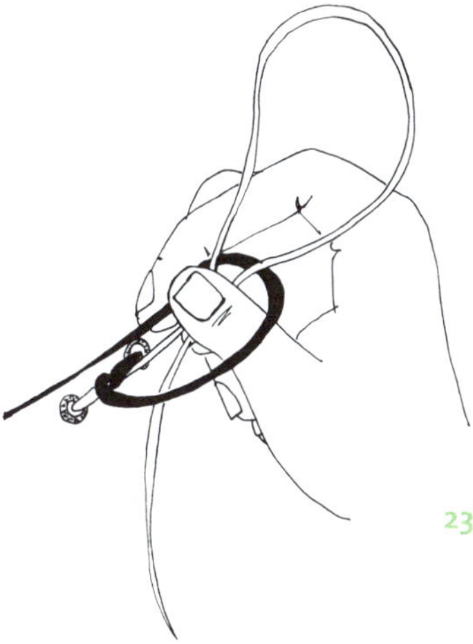

23b

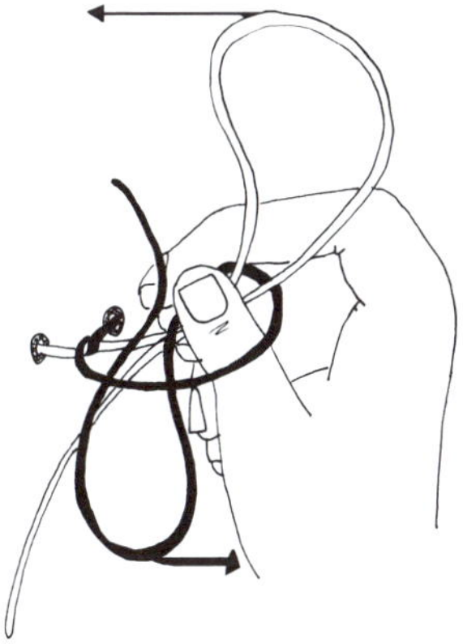

23c

Abb. 23a, 23b, 23c: *Bewegungsablauf, oft günstiger für Linkshänder. Die rechte Hand hat vorwiegend Haltefunktion.*

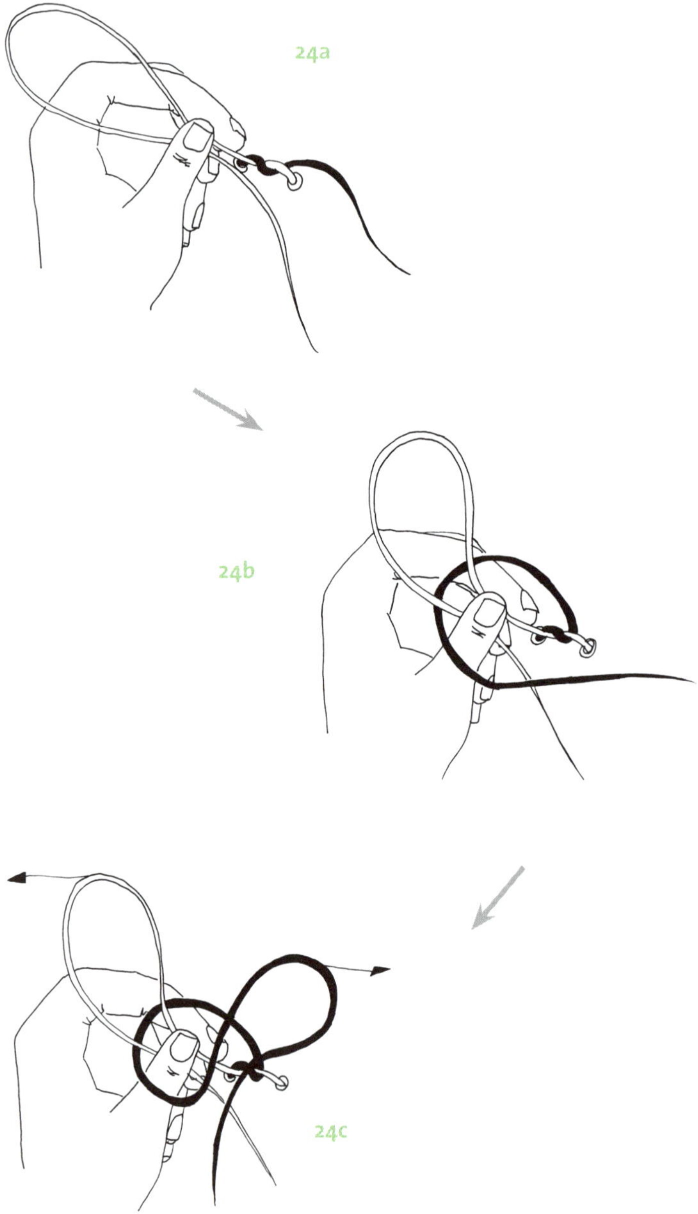

▲ **Abb. 24a, 24b, 24c:** *Bewegungsablauf, oft günstiger für Rechtshänder. Die linke Hand hat vorwiegend Haltefunktion.*

Hilfestellung zum linkshändigen Häkeln, Stricken und Sticken

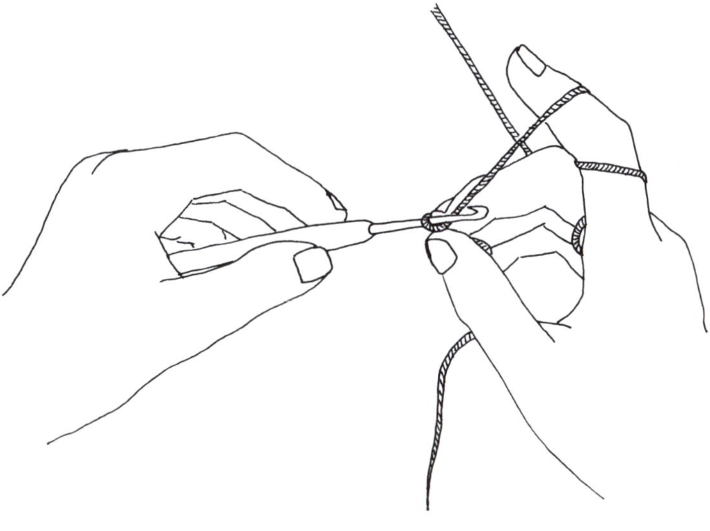

▲ Abb. 25: *Haltung beim Häkeln*

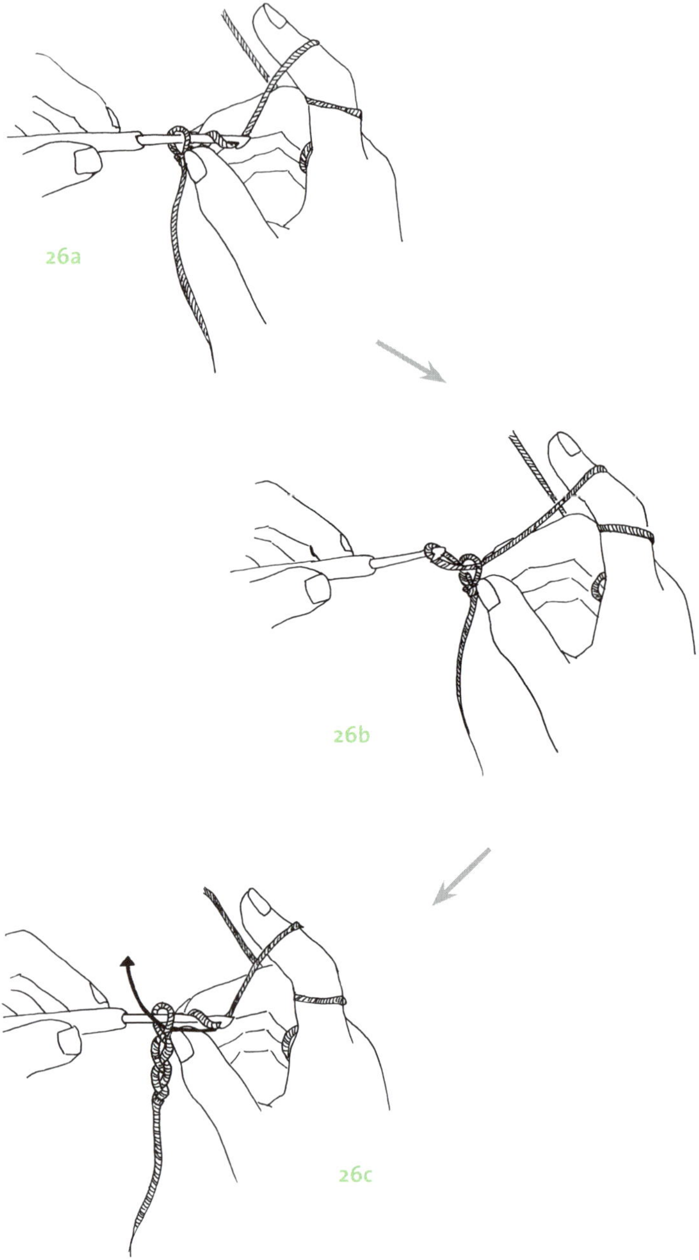

Abb. 26a, 26b, 26c: *Luftmasche*

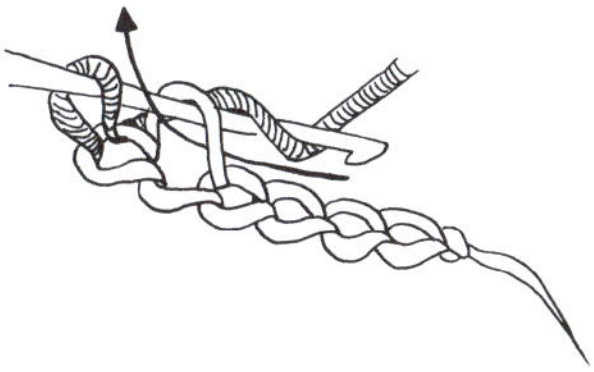

27a

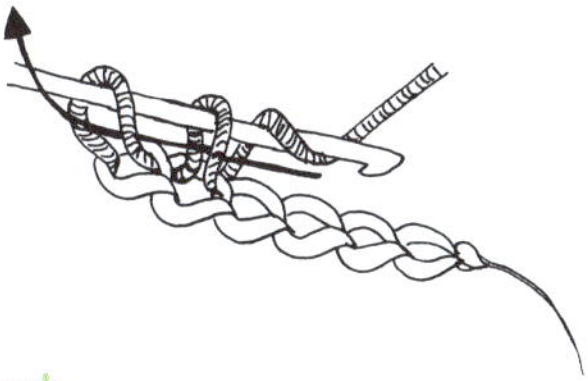

27b

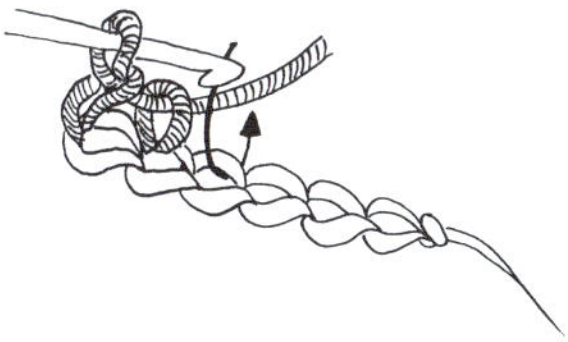

27c

▲ **Abb. 27a, 27b, 27c:** *feste Masche*

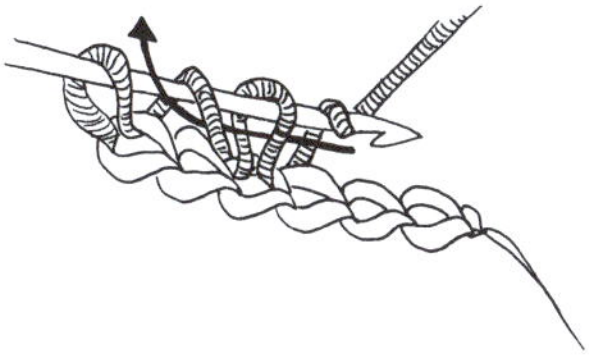

28a

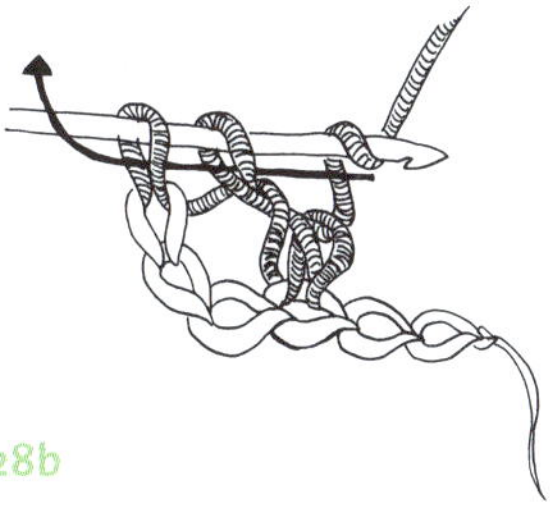

28b

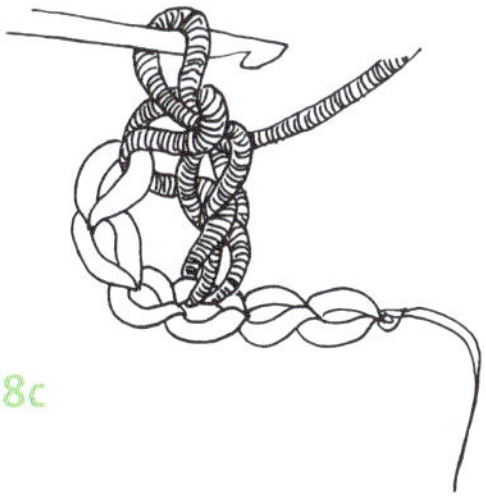

28c

▲ **Abb. 28a, 28b, 28c:** *Stäbchen*

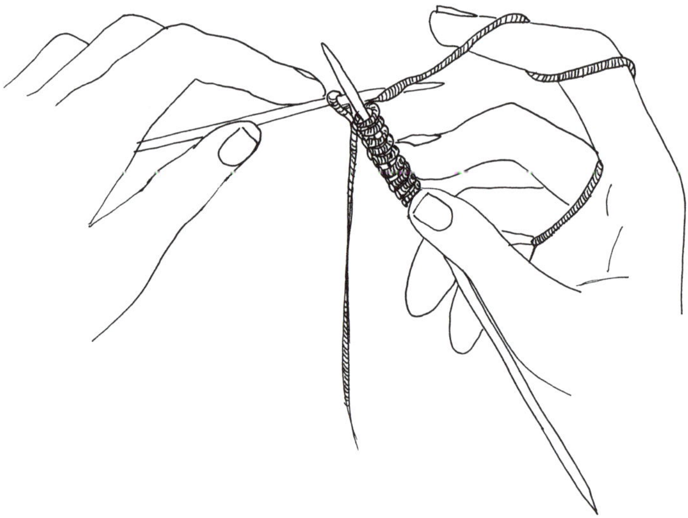

Abb. 29: *Haltung beim Stricken*

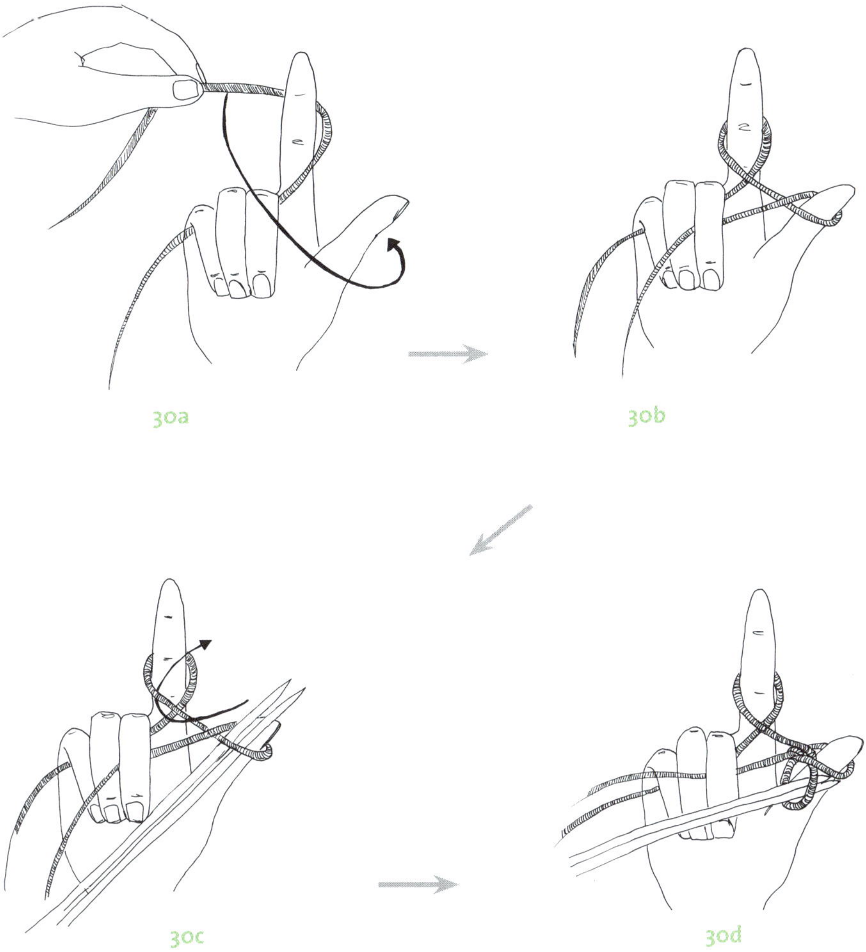

Abb. 30a–g: *Kreuzanschlag*

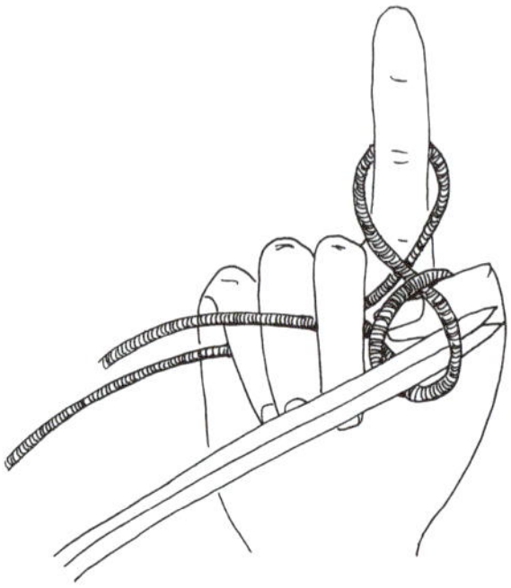

30e

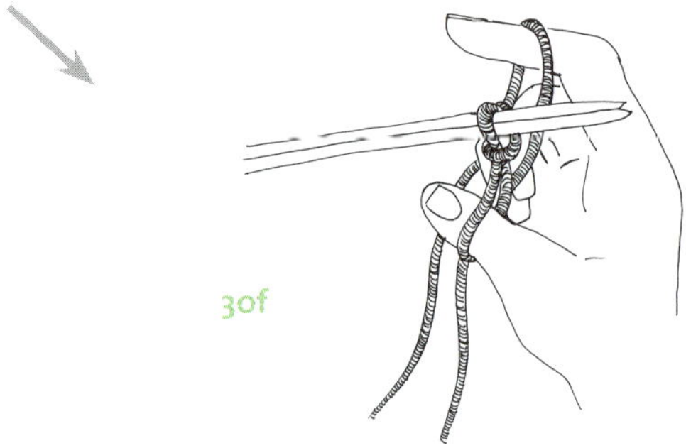

30f

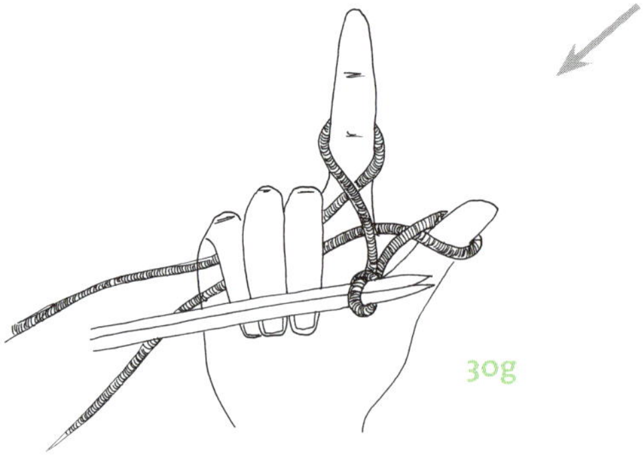

30g

Abb. 30a–g: *Kreuzanschlag*

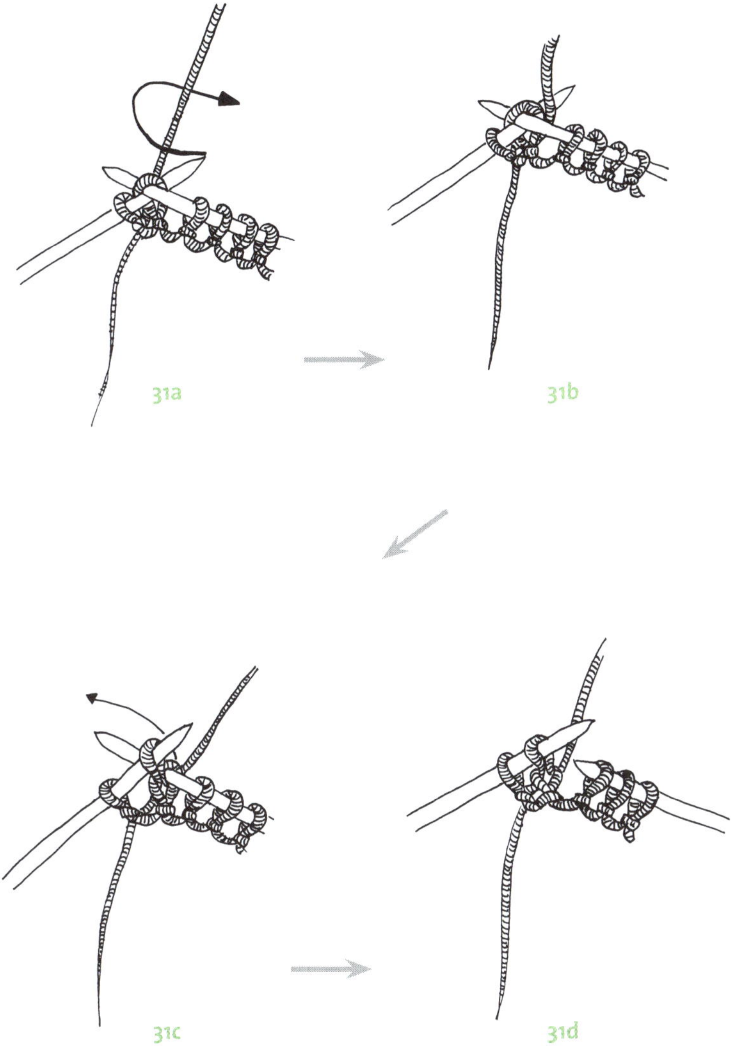

Abb. 31a–d: *rechte Masche*

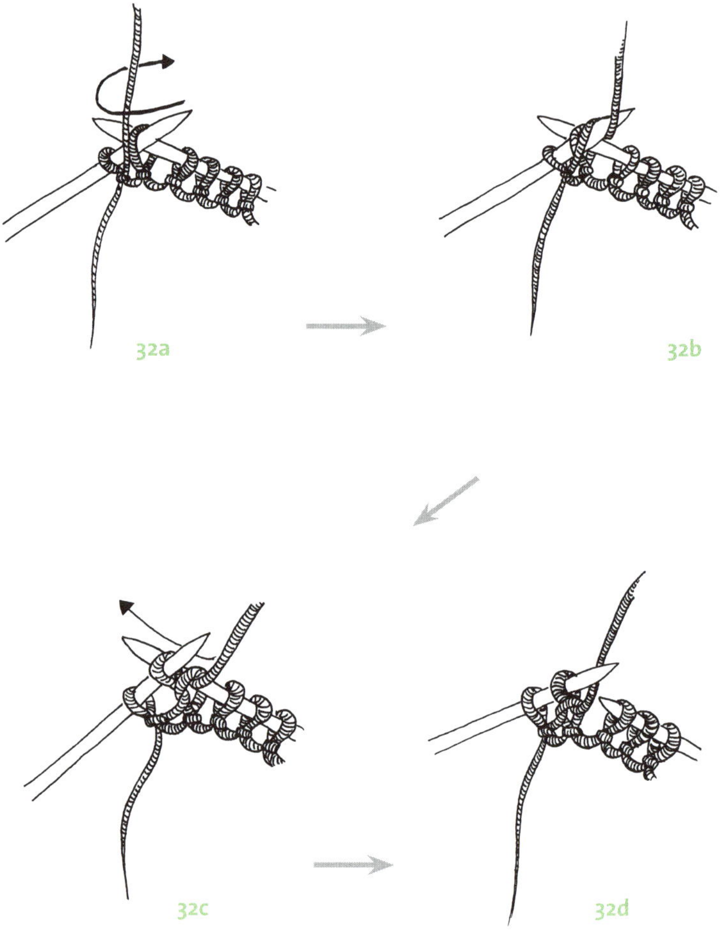

Abb. 32a–d: *linke Masche*

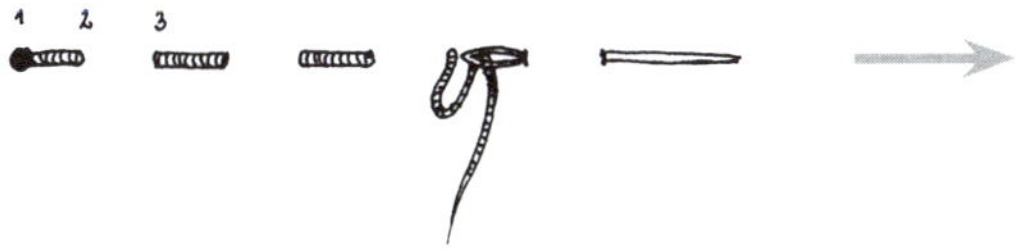

Abb. 33: *Vorstich und Arbeitsrichtung beim Sticken*

Abb. 34: *Steppstich*

Abb. 35: *Zickzackstich*

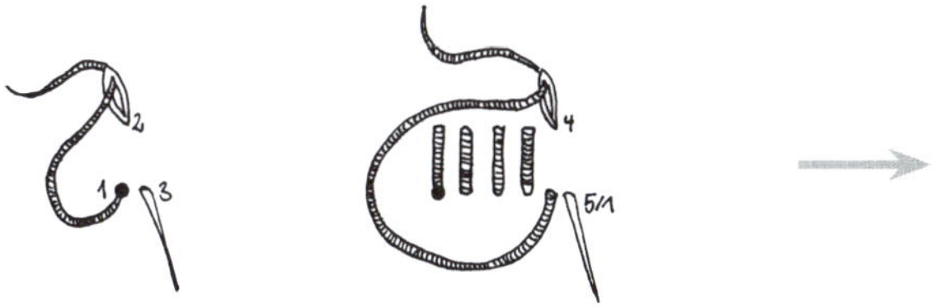

Abb. 36: *Stehstich*

▲ Abb. 37: *Schlingenstich*

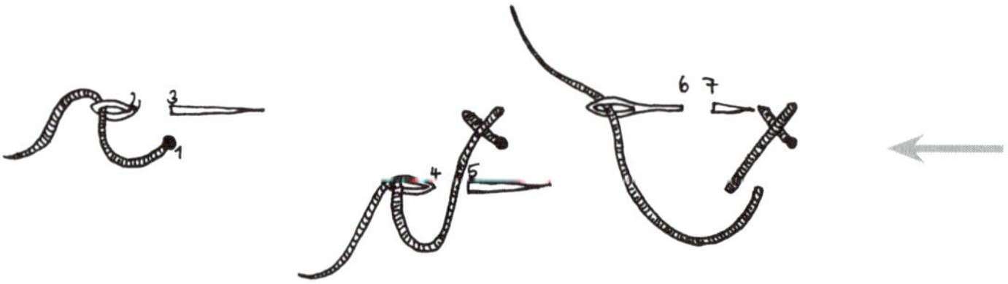

▲ Abb. 38: *Hexenstich*

▲ Abb. 39a: *Arbeitsrichtung beim Grundstich*

▲ Abb. 39b: *Arbeitsrichtung beim Deckstich*

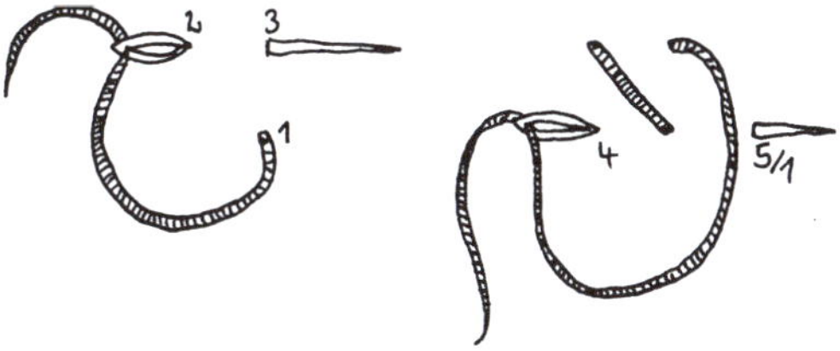

Abb. 40: *Kreuzstich – waagerecht*

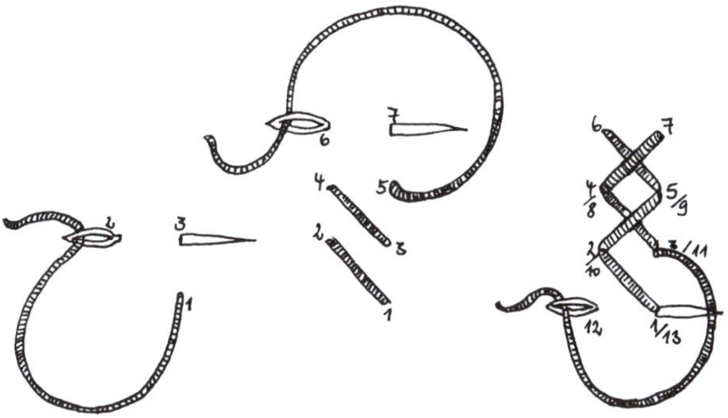

Abb. 41: *Kreuzstich – senkrecht*

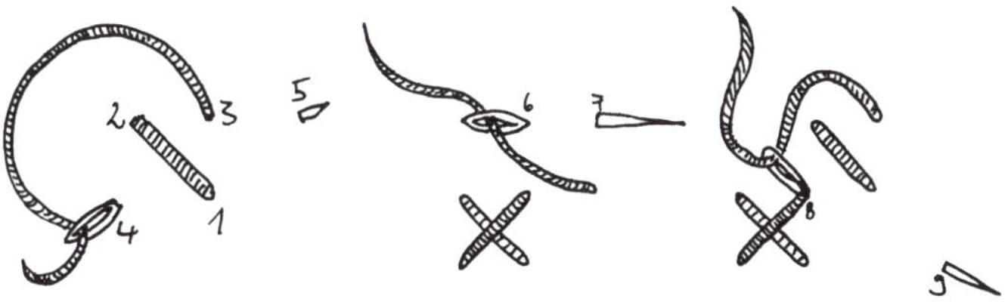

Abb. 42: *Kreuzstich – diagonal*

Adressen

Information, Beratung und Abklärung der Händigkeit

Da die Anzahl der in der Linkshänder-Beratung tätigen Fachleute verschiedenster Berufsgruppen stetig steigt, wurde auf eine entsprechende Liste verzichtet. Hinweise zu regionalen Beratungsmöglichkeiten können bei der Ersten deutsche Beratungs- und Informationsstelle für Linkshänder und umgeschulte Linkshänder telefonisch erfragt werden.

Erste deutsche Beratungs- und Informationsstelle für Linkshänder und umgeschulte Linkshänder
Leitung: Dr. Johanna Barbara Sattler, approbierte Psychotherapeutin, Psychologin
Sendlinger Str. 17, D-80331 München
Tel.: 089 / 268614
www.lefthander-consulting.org

Kontaktadresse:
Sylvia Weber
Psychotherapie (HPG) u. Linkshänder-Beratung
Landauer Str. 89, D-94447 Plattling
Tel.: 09941 / 9827132
www.weber-sylvia.de

Händler für Linkshänder-Gebrauchsgegenstände (Geschäfte und Versandhandel)

Deutschland

Baden-Württemberg

- Hainlin, Endersbacher Str. 3, 70374 Stuttgart, Tel.: 0711 / 291654, www.hainlin.de

Bayern

- sinErgo Versand für Linkshänder, Gramanstraße 2, 85540 Haar, Tel.: 089 / 45362608, www.sinergo.de

Hessen

- Der Linkshänder, Goethestr. 15, 63263 Neu-Isenburg, Tel.: 06102 / 247929, www.derlinkshaender.de
- Lehrmittel-Linkshänder u. Lernmaterialien K. Oetzel, Mathilde-Franziska-Annekestr. 16, 68519 Viernheim, Tel.: 06204 / 72752, www.sinnvoll-lernen.de

Niedersachsen

- sinistrius, Postfach 1709, 27737 Delmenhorst, Tel.: 04221 / 73007, www.sinistrius.de
- Lafüliki, Bayer, Schöttlingerstr. 7a, 31698 Lindhorst, Tel.: 05725 / 5950, www.lafueliki.de

Nordrhein-Westfalen

- www.mit-linx.de, W. Herchenhan, Wiemespfad 24, 47918 Tönisvorst, Tel.: 02156 / 7079

Rheinland-Pfalz

- Linkshandversand Tan & Ralf Diederich, 65185 Wiesbaden, Tel.: 0611 / 95017039, www.linkshandversand.de

Sachsen-Anhalt

- Messer-Lehmann, Große Kalandstr., 06667 Weißenfels, Tel.: 03443 / 303842, www.messer-lehmann.de

Thüringen

- Linkshänder & Co GmbH, Krämerbrücke 24, 99084 Erfurt, Tel.: 0361/55048440, www.linkshaender.de

Österreich

- Dar Zäodl, Linkshändershop, Maria Theresienstr. 19, 6890 Lustenau, Tel.: 05577 / 84902
- LinksDings, Geschäft für Linkshandartikel, Kegelstr. 21, 1030 Wien, Tel.: 017101132

Schweiz

- Linkerhand Brigitte Eichkorn, Bernoullistr. 10, 4056 Basel, Tel.: 061 / 3016390, www.linkerhand.ch
- iLinki (Versand) Brigitte Eigenmann, Hauptstr. 88, 9434 Au, Tel.: 071 / 7444789

Hersteller von Musikinstrumenten für Linkshänder

- Holfter GmbH, Geigenbauwerkstatt G. Wassong (auch Umbau, Mietservice), Steinfurt 22, D-52222 Stolberg, Tel.: 02402 / 90 91 22, www.holfter.com
- Musikhaus Thomann, Treppendorf 30, 96138 Burgebach, Tel.: 09546 / 922366, www.thomann.de
- Dr. Hermann Moeck Musikinstrumente und Verlag e. K., Lückenweg 4, D-29227 Celle, Tel.: 05141 / 8853-0, www.moeck-music.de
- Hohner AG, Andreas-Koch-Str. 9, D-78647 Trossingen, Tel.: 07425 / 200, www.hohner.eu
- Carl Höfner GmbH, Egerlandstr. 38, D-91083 Baiersdorf-Hagenau, Tel.: 09133 / 7758-0
- Musik Spiri, St. Georgenstr. 52, CH-8400 Winterthur, Tel.: 0041 / 52213 / 2455, www.spiri.ch
- Yamaha Europa GmbH, www.yamaha-europe.com
- Niederlassung Deutschland, Siemensstr. 22–34, D-25462 Rellingen, Tel.: 04101 / 3030
- Niederlassung Österreich, Schleiergasse 20, A-1100 Wien
- Niederlassung Schweiz, Seefeldstraße 94, CH-8008 Zürich

Hersteller von Computerzubehör für Linkshänder

- A4Tech Co., Ltd., Niederlassung Deutschland, Spießheimer Weg 22, 55286 Wörrstadt, Tel.: 06732 / 916430, www.A4tech.com
- GETT Gerätetechnik GmbH, Mittlerer Ring 1, 08233 Treuen, Tel.: 037468 / 6600, www.gett.de
- Hewlett-Packard GmbH, Herrenberger Str. 140, 71034 Böblingen, Tel.: 07031 / 140, www.hp.com
- Razer Europe Office, Winterhuder Weg 82, 22085 Hamburg, Tel.: 040 / 419299300, www.razerzone.com

Literatur

Annett, M. (1967): The Binominal Distribution of Right, Mixed and Left Handedness. In: Quarterly Journal of Experimental Psychology 19, 327–333

Ayres, A. J. (2013): Bausteine der kindlichen Entwicklung. 5. Aufl. Springer, Heidelberg

Barslay, M. (1966): The Other Hand. Hawthorne Books, New York

Blau, A. (1946): The Master Hand. A Study of the Origin and Meaning of Right and Left Sidedness and its Relation to Personality and Language. Research Monograph of the American Orthopsychiatric Association Inc., No. 5, New York

Bobath, B., Bobath, K. (2005): Die motorische Entwicklung bei Zerebralparesen. 6. Aufl. Thieme, Stuttgart

Boie, G. (2006): Zur Umschulung des Schreibens bei Linkshändern. Erziehungskunst 70 / 2, 138–145

Boyer, L., in: Satzke, K. (1990): Kommentar zum Lehrplan der Volksschule. Österreichischer Bundesverlag (ÖBV), Wien

Faxel, S., Knapp, I., Lüghausen, W. (1997): Hauswirtschaftstechnischer Betriebshelfer. 8. Aufl. Handwerk und Technik, Hamburg

Fisher, A. G., Murray, E. A., Bundy, A. C. (2001): Sensorische Integrationstherapie. Theorie und Praxis. 2. Aufl. Springer, Berlin / Heidelberg

Fließ, W. (1923): Der Ablauf des Lebens. 2. Aufl. Franz Deutricke, Wien

Goebel, W., Glöckler, M. (2013): Kindersprechstunde. 19. Aufl. Verlag Freies Geistesleben, Urachhaus, Stuttgart

Gutezeit, G. (1986): Beziehungen zwischen Lateralität und funktioneller Dominanz. Kindesentwicklung und Lernverhalten. Berichtbd. d. 2. Europ. Symposiums über Entwicklungsneurologie 1985 in Hamburg

Hellbrügge, T., Döring, K. (2003): Das Kind von 0–6. 10. Aufl. Herbig, München

Kesper, G., Hottinger, C. (2007): Mototherapie bei sensorischen Integrationsstörungen. 7. Aufl. Ernst Reinhardt, München / Basel

Kramer, J. (1970): Linkshändigkeit – Wesen, Ursachen, Erscheinungsformen. Mit Lockerungsübungen für linkshändige und gehemmte Kinder und Jugendliche. 2. Aufl. Antonius, Solothurn

Levy, J. (1986): Das Gehirn hat keine bessere Hälfte. Psychologie heute 1/86, 32–37

Lösslein, H., Deike-Beth, C. (2000): Hirnfunktionsstörungen bei Kindern und Jugendlichen. 3. Aufl. Deutscher Ärzte-Verlag, Köln

Olsson, B., Rett, A. (1989): Linkshändigkeit. Hans Huber, Bern

Otte-Schacht, A. (1993): Linkshändigkeit und Schulschwierigkeiten. Rundbrief des Psychologischen Dienstes der Bundesanstalt für Arbeit Nürnberg Nr. 30, 61–102

Pauli, S., Kisch, A. (2012): Was ist los mit meinem Kind? Bewegungsauffälligkeiten bei Kindern. Urania, Stuttgart

Rotberg, S. von (2001): Spielzeug für linkshändige Kinder. http://www.lefthander-consulting.org (01.02.14)

Sarasin, P. (1918): Über Rechts- und Linkshändigkeit in der Prähistorie und die Rechtshändigkeit in der historischen Zeit. Verh. Naturforsch. Gesellschaft 29, Basel, 122–126

Sattler, J.B. (2013a): Übungsheft für Linkshänder. 12. Aufl. Auer, Donauwörth

Sattler, J.B. (2013b): Der umgeschulte Linkshänder. 12. Aufl. Auer, Donauwörth

Sattler, J.B. (2012): Die Psyche des linkshändigen Kindes. 6. Aufl. Auer, Donauwörth

Sattler, J.B. (2011): Desk-Pad-Lefty©, Schreibunterlage für Linkshänder. Auer, Donauwörth

Sattler, J.B. (2010): Das linkshändige Kind in der Grundschule. Herausgegeben vom Staatsinstitut für Schulpädagogik und Bildungsforschung München. 16. Aufl. Auer, Donauwörth

Sattler, J.B. (2001a): Linkshändige und umgeschulte linkshändige Kinder und Jugendliche. Kinder und Jugendarzt 32/2, 139–147

Sattler, J. B. (2001b): Gibt es einen kausalen Zusammenhang zwischen Linkshändigkeit und Lese-Recht-schreib-Schwierigkeiten? In: Ganser, B.: Lese-Rechtschreib-Schwierigkeiten. Diagnose – Förderung – Materialien. 2. Aufl. Auer, Donauwörth

Sattler, J. B. (1999a): Linkshänder und umgeschulte Linkshänder in der Ergotherapie. Praxis Ergotherapie 12/2, 98–110

Sattler, J. B. (1999b): Chancen und Gefahren einer Rückschulung der Händigkeit bei Erwachsenen. www.lefthander-consulting.org (01.02.14)

Sattler, J. B. (1998): Zur Testung der Linkshändigkeit. www.lefthander-consulting.org (01.02.14)

Sattler, J. B. (1986): Umschulung der Händigkeit. Ein massiver Eingriff ins menschliche Gehirn. Lernen-Fördern 5/1986, 10–16Satzke, K. (1990): Kommentar zum Lehrplan der Volksschule. Österreichischer Bundesverlag (ÖBV), Wien

Schmauder, M. (1999): Händigkeitsgerechte Gestaltung von Arbeitsmitteln. Bundesanstalt für Arbeitsschutz und Arbeitsmedizin, Dortmund

Smits, R. (2002): Alles mit der linken Hand. Patmos, Düsseldorf

Sovák, M. (1968): Pädagogische Probleme der Lateralität. Bd. 16, Verlag Volk und Gesundheit, Berlin

Springer, S. P., Deutsch, G. (1998): Linkes/Rechtes Gehirn. 4. Aufl. Spektrum Akademischer Verlag, Heidelberg/Berlin

Tiemann-Simon, V. (2006): Zum Umgang mit Linkshändigkeit in der Montessori Pädagogik. In: Sattler, J. B.: Jahresbrief-Broschüre 2006, München, 31–40

Ullmann J. F. (1974): Psychologie der Lateralität. Huber, Bern

Uni-Protokolle.de: Liste berühmter Linkshänder (01.02.14)

Sachregister

Hinweis: Die Wiedergabe von Gebrauchsnamen, Handelsnamen, Warenbezeichnungen usw. in diesem Werk berechtigt auch ohne besondere Kennzeichnungen nicht zu der Annahme, dass solche Namen im Sinne der Warenzeichen- und Markenschutz-Gesetzgebung als frei zu betrachten wären und daher von jedermann benutzt werden dürften.

Bibliografische Information der Deutschen Bibliothek
Die Deutsche Bibliothek verzeichnet diese Publikation in der Deutschen Nationalbibliografie; detaillierte bibliografische Daten sind im Internet über <http://dnb.ddb.de> abrufbar.
ISBN 978-3-497-02479-7
4., akualisierte und neu gestaltete Auflage

Printed in Germany
Titelfoto: Sylvia Weber, Plattling
Satz: Arnold & Domnick, Leipzig www.arnold-domnick.de

Bildquellennachweis:
S. 9: Picture-Factory – Fotolia.com; S. 15: digitalstock.de; S. 23, 36, 45, 50, 64, 74, 108, 114 und alle weiteren Abbildungen im Innenteil: Sylvia Weber, Plattling; Zeichnungen im Anhang: Susanne Hilger, Rosenheim

Ernst Reinhardt Verlag, Kemnatenstr. 46, D-80639 München
Net: www.reinhardt-verlag.de Mail: info@reinhardt-verlag.de